U0085618

書山有路勤為徑
學海無涯苦作舟

書山有路勤為徑
學海無涯苦作舟

莊子的智慧

中國第一才子書

集灑脫、自在於一生、遨遊悠悠天地之間。
崇自然、拒理教、視富貴榮華如敝屣敗履。
隨心所欲、夢中化蝶、如游魚於江河之中。
以詼諧的態度、笑罵的人生、演繹出莊嚴的生命本質。

葉舟◎編著

昔者莊周夢為胡蝶，栩栩然胡蝶也。不知周也。
俄然覺，則蘧蘧然周也。
不知周之夢為胡蝶與？胡蝶之夢為周與？
此之謂物化。

序——要有一顆超邁的心

清人胡文英說：「莊子最多情。」當然這是指感懷世事之情，而不是指扯來扯去的兒女情長。我極為推崇莊子所謂「物物而不物於物」這句話，這是動詞與名詞交錯而生的一種做人方略，既立於現實（「物物」）而又超於現實（「不物於物」），真可謂辯證的統一。其實，無論一個什麼樣的人，活著的心態尤為關鍵——它雖然不能決定人的一生，卻可以影響你的一生！假如從這個方面翻閱《莊子》，我想對今天忙碌於世的人來講，是有啟發意義的！

心態是無形的。

水有沒有心態？

雲有沒有心態？

假如從擬人化的角度看，它們都是有的，如「行如流水」、「行如流雲」。詳而細之：水的心態是不爭的，總往低處流動，但萬物又不可離開它；雲的心態是遊動的，不在一處停留，用變化的姿態構成供人仰望的景致。這種不爭和遊動正是莊子做人之道的兩大精髓。所以他很愛說「除去是非」、「遊動內外」之類的話，這是一種非常高妙的做人心態。

我們不是《逍遙遊》中的鯤鵬，但可以像牠那樣有「扶搖直上九萬里」的心態，在自己的天地裡享受閒適。

人的閒適心態在哪裡？

也許會在辦公室因未能討得豌豆般大的利益而氣得差一點跌倒在地；也許你會因有人在背後撒一串串糾纏是非的話而恨不得摑其耳光；也許為了本可得到並早已預支出了興奮的驚喜之事突然眼看著變成竹籃之水而像「黑旋風」李逵般怒目圓睜。諸如此類的不快心態，會遭遇更多。其實，大可不必為此惱羞成怒，因為天下最難預測的莫過於人心。你有你的心態，別人有別人的心態，而你唯一要做的就是在心態上貼上「改變」兩字！

莊子的思路與孔子、孟子是不一樣的，他發現戰國中後期天下人皆為利而忙碌的現狀，於是他心裡非常難受，總是拿堯舜時代人們生活的平靜狀態與之對比，試圖呼喚人性的復歸。

這雖然有偏頗之處，但卻是對人性之根的挖掘。

由此而來，莊子在濠水體會「知魚之樂」的快感——這是一種想把自己變成水的快樂心態；他又在夢中化為蝴蝶，這是一種欲飛的脫世心態。的確，在人生的難受處，你不讓自己具有這兩種心態，多半會向生活嘔吐。與其如此，何不以這兩種心態去減輕生命之重呢？也許你以為這是一堆大道理，但不妨試一試。

心態的改變是最難也是最易的，關鍵要視具體情況而定。不管彆扭有多少，生活還得繼續，在心態上重造一個自我，就會享受自己，而入做人的閒適之境！

這本有關莊子的書，不是濃茶，而是清茶，可供一品。

莊子的智慧

書目

序——要有一顆超邁的心／7
心思要像一面鏡子／15
尊卑高下只是一種世俗、無知的評價／19
每天逍遙一下／23
不要有和自己過不去的心理／28
心在純淨／33
拍馬逢迎者的可恥模樣／40
不要被虛名所累／43
隨時逍遙，自由自在／49
利得不要忘害／54
看問題不能光憑一處／58
是非皆因多開口，煩惱總為強出頭／62
失此可得彼／68

最大的智巧就好像是笨拙一樣／75
要知道人外有人、天外有天／81
只做可以看到的事／85
好好享受最難得的夢／89
適切的話語更能打動人心／93
做事最高指導原則——遊刃有餘／97
水樣的智慧／101
忘掉自己，才能得到自己／105
人生得一知己足矣／112
君子以外物為用／116
做一個真實自然的人／121
情感太多累壞自己／127
見好就收是人生大智慧／132
做人之道——明白自己／136
人生戰術；遠衝突，避禍根／140
大智慧與小聰明／145
「我」永遠是別人無法代替的／151
換種角度看「小人」／155
不可盲目崇拜／158
多一份虛無，人生多一次大笑／161
迎合，也幫不了自己／165
不可讀死書／169
參透生死，無罣無礙／176
找到自己正確的位置／184
救己良方在心裡／190
君子之交淡如水／197
「道」——在日常實踐之中領悟／199
天性能讓人渾身鬆爽／207
事事都有度，過猶不及／211
用平常心來做非常事／215
施予別人別奢求回報／219
悟出「不經意」的大學問／222

用「擁有」代替「佔有」／226
安於自己所應達的境界／232
機巧不如藏拙得好／237
才德不可貌取／241
面對游魚重新思考人生／245
遠離人性缺點，無欲則剛／250
不怕迷惑，有大迷惑才有大收穫／255
不要試圖狡辯，為避責找藉口／262
有好心態才有好生活／265
隨遇而安，其樂無窮／270
快樂是一種自我的感覺／273
沉默的力量猶如無敵軍團／277

心思要像一面鏡子

至人之用心若鏡，不將不迎。

有智慧的人也有認識不到的事物與道理，正如視力最好的人視野也只有一個扇面，而不是一個圓周。明白種種迷惑與引誘，確保自然天性，相反相成，便會得到正當的是非取捨。

莊子說：不要成為名譽的寄託，不要成為謀略的場所；不要成為世事的負擔，不要成為智慧的主宰。潛心地體驗真源而且永不休止，自由自在地遊樂而不留下蹤跡；任其所能稟承自然，從不表露也從不自得，也就心境清虛淡泊而無所求了。

所以，修養高尚的「至人」心思就像一面鏡子，對於外物是來者即照去者不留，應合事物本身從不有所隱藏，所以能夠反映外物而又不因此操心勞神。

因此，是非與取捨並不是確定不變的。

送人生日蛋糕必定是完整的，以此為是；拿出來吃，蛋糕必須切開，以破碎為是，取捨也在其中了。

逛公園、賞風景，必定以在湖光山色、亭台樓閣、曲徑甬道中徜徉留連為是。但要方便，必定以去廁所為是。這也是取捨的變化了。

這樣的取捨與人生大節並無意義，卻可啟發人思考人生，認識是非取捨轉化的意義。

在大街上踩了陌生人的腳，一定要說聲對不起，但如果是踩了哥哥與父親的腳，只點個頭就完了，不必特意表示歉意，因為知道他們必定原諒自己。所以，最大的禮節是不分彼此，最大的仁愛是不分親疏。

要明白是非取捨，一定要丟開種種精神牽掛與干擾。

高貴、富有、顯赫、尊嚴、名聲、功利，是迷亂意志的六種甜藥。

容貌、舉動、顏色、義理、意氣、言辭，是束縛心靈的六種軟繩。

憎恨、情愛、欣喜、憤怒、哀傷、安樂，是麻醉人的六碗香湯。

去、來、貪、給、陰謀、末技，是阻礙真理認識的六朵彩雲。

去掉這四六二十四項人生的誘惑，便會心懷坦蕩，神情平正，能保持正確的判斷，看穿一切，不以私慾為是而取捨。

有智慧的人也有認識不到的事物與道理，正如視力最好的人視野也只有一個扇面，而不是一個圓周。明白種種迷惑與引誘，確保自然天性，相反相成，便會得到正當的是非取捨。

鳥飛過天空，后羿一箭射下一隻小麻雀，他因獲得一隻小麻雀而高興，自以為做得對，但他把眾多的飛鳥嚇跑了。假如他把整個天下看作一個鳥籠子，不自恃射術，那麼滿天飛鳥，就沒有逃脱的地方。商湯王和秦穆公對賢人伊尹與百里奚的任用，採取的就是這種辦法。

伊尹與百里奚雖然賢能，但並不樂意接受強迫命令，也並不把高官厚祿放在眼裡。伊尹喜歡烹調，商湯王就讓廚師與伊尹交朋友，使伊尹安心住下。百里奚落入狄人手裡，狄人喜歡羊皮，百里奚自己也喜歡穿五色羊皮裘，秦穆公就投其所好，使百里奚樂意為自己服務。由於籠絡得好，伊尹幫商湯王建立了商朝，百里奚幫秦穆公稱霸天下。

這又是為人處世是非取捨極富啟示意義的一例。

人間最難得的是真實。真的刀子也比虛情假意好（起碼容易躲避）。真實的東西，令人信服，卻不能使人陶醉。虛假的東西使人痛恨，卻又不能使人拒絕。人事就是這樣。

做大事業的人，總要拉大旗作虎皮，以招攬群眾，明知這大旗不過是空洞惑人的神靈，但是卻不能丟開。

美醜是生來的模樣，最初的相識最清晰的是美醜印象，時間長了，實在的意義就只有這個人本身的價值了。美醜固然還在，但已不是唯一。不要盲目羨慕，不要盲目模仿。自己是以自己的特點存在於社會的，盲目地否定自己仿效他人，自己便不成為自己了。

西施很美，病了，心口疼，捂著胸，皺著眉頭，愈顯得楚楚動人。東施長得不美，任其自然，仍然有女人的一種美。但她羨慕西施長得美，發現西施病時的神態更媚人，便也學著皺著眉頭，捂著胸口，東施更醜了。

出身與職業是受先天與後來諸多條件限制的。不要以出身低賤而自卑，也不可以職業取捨人才。人才就是人才本身。

商湯發現他的車夫登恆很有才，就讓他做自己的輔佐大臣，儘管別人一再說登恆如何地位低下，說起來名聲不好聽，商湯一律充耳不聞。他認真向登恆學習，一點也不把登恆曾經是地位卑下的奴才這事兒放在心上，於是商湯水到渠成地學到登恆的治國之道。以後商湯提拔登恆當了商朝的輔相。登恆並不把輔相的頭銜放在心上，也無心居功師法，因此商湯與登恆都務實不務虛，所以能在歷史上功名兩顯。

這就是，不計算什麼或者可以得到什麼，能做到無私忘我，才能做到無慾忘利。

做女人更不要為虛名所俘虜。按正常的原則去選擇，去做人。如果硬是有流言蜚語，讓人家去說罷。根深不怕風搖動，樹正何愁月影斜。

這就是，不計算什麼或者可以得到什麼，摒開虛妄，卻正可獲得美名與實利。這首先是由於美麗、踏實的道德。或者之於生命，忘記消磨美好的日子，正好消受了美好的年華。本來，無心是道。

尊卑高下只是一種世俗、無知的評價

尊卑先後，天地之行也。

就人間的是非曲直、人們的好惡成見而言，某人說某一事物行，是基於人們都認為行；說不行，是基於大家都說不行。

人是人的世界。

這是說作為一個人生活在人世上，他人對你好、對你不好；與你有恩情、與你有仇怨；與你做朋友、與你成敵人，總之你身外的人，構成了你生存的世界。沒有他們你也不存在。

就人間的是非曲直、人們的好惡成見而言，某人說某一事物行，是基於人們都認為行；說不行，是基於大家都說不行。

事物存在，本來都有可以認為「是」的方面，事物本來也都有認為「可」的方面。沒有什麼事物不能認為是，也沒有什麼事物不能認為可。這都是人之觀念形成的，因為人存在著。

為什麼？因為世界事物太複雜，內容也太豐富了。所取的角度不同，評價也就不同。如果所取的角度相同，評價或許相同，或許也相去甚遠。但無論同與不同，都指向同一事物，說明著同一事物。由此引起的是非爭辯只是人的事，與事物並無關係，事物還是事物。

據此道理，舉凡小草和大樹，醜陋的東施和美麗的西施，以及一切稀奇古怪、變化莫測的事物和人事現象，從人世間的大道來講，都可以通融帷「一」。也就是說，現象複雜紛繁，看起來多姿多彩，議論起來各個不一，確確實實是不同的，但它們卻又遵守造物主統一規律而存在。在社會人生上許多現象、許多是非，它們也歸於一——歸於人生在世必然發生的種種情態。這個「一」就是人本身。

明白這一道理，立身處世，地位尊貴和地位卑下，實際也是同一的。這裡尊卑、高下只是一種世俗的、甚至是無知的評價。

現實生活中常常碰到這樣一些事例，相同年齡、一同讀書成長，後來出路卻大不相同。有端鐵飯碗、坐辦公室的；有當工人、每天守點的；也有上大學、繼續受寒窗之苦，為人們認定的「錦繡前程」而奮鬥；也有自食其力、沿街叫賣，或街頭做生意的。這所有便構成社會分工的一級級台階。於是，自以為在下者，見了在上者，心裡就很自卑，而自食其力、沿街叫賣者卻羞於見人。人情如此，尚可體惜，用道來衡量，未免不諳世事。

人的地位有高低，工作有不同，無論作工務農，或者行商坐賈、做官作府，都是為了生存。生存既是為了自己衣食住行，也是為了社會存在與發展。所以各種行業、各種營生在生存這一人的根本依存上是通而為一的。

人生沒有高下尊卑，所以自食其力的生存手段也無高下榮辱比較的必要。中國有春秋戰國時的范蠡，先是幫助越王打敗吳國，而最後隻身逃走去做生意，成為名揚千古的大富翁「陶朱公」。還有秦朝丞相呂不韋，也是生意人。外國現代許多跨國大公司、大企業集團，也是由小本經營起家，像打天下一樣，經營起一番事業。

人的各種工作，在生存這一點上通而為一。既然這樣，盡其所能，人可以做什麼就去做什麼。掃大街、倒垃圾，不為恥辱；做大官、做大事也不算特別榮耀。至於無知淺薄之徒，指指點點，說三道四，愛慕虛榮，甚而趨炎附勢，管他呢！

還有一種事實，古人說是：賢愚千古知誰是，滿目蓬蒿共一丘。此話可以有一萬條理由批評它的消極悲觀，而人生過程，無論賢愚的歸宿卻必然地通而為一，誰敢迴避這個現實呢？

背後嚼舌頭的人，多的是。外國人說是：走自己的路，讓人說去吧。中國智者說是：是非終日有，不聽自然無。這就是人生正確的態度。

所以莊子認為，大凡事物，無論是成全還是毀壞，尊貴與卑賤，都是可以複歸於一的。所以事理通達的人，絕不自矜自用，而只讓庸人去瞎鬧鬧。不自用便可不行動而取得功效，不用而用便白事亨通。

莊子講了個故事：他某日睡覺做夢，變成了一隻活生生的蝴蝶，他飛呀飛呀，好快活好得意呀！

一覺醒來，原來在床上赤條條地躺著個叫莊周的人。這時莊子糊塗了，是莊子變成了蝴蝶呢，還是蝴蝶變成了莊周呢？唯一的一點可以肯定，莊周與蝴蝶肯定有區別。

事物的變化就這樣。莊周變成夢中蝴蝶，夢中蝴蝶又變成床上的莊周。此成彼，彼成此，彼此歸一於變化。

所以，對於造物主，世界萬事萬物、人生無窮情態是九九，對於造物主規定的變化，最終又歸於一。這就是俗話說的「九九歸一」的道理。

每天逍遙一下

乘天地之正，而御六氣之辯，以遊無窮。

所謂逍遙，不是四處亂瀟灑，而是讓心靈進入到一種自由和快樂的狀態中去，忘記那些難以忘記的煩惱。只要做到這一點，你將會時時覺得自己始終是輕鬆和坦然的。

逍遙人生的生命風格，首先是對人身心勞苦的一種解脫、一種處世風格上的撥正，從人生的本來意義上，使人回到貴真全性的真人品格上來。

如此，莊子本人是否就是榜樣呢？

楚威王曾派人請他出山，說：「大王願拿我們國家的事麻煩您。」

莊子對來人說，我聽說楚地有一隻神龜，死後被箱子盛著，用手巾包著，供在高堂之上。這神龜是願死後留下骨頭被燒香供拜，還是寧願自在地活著呢？答案無疑是後者。（《秋水》）

還有，某人得到了宋王獎的車，又得到秦王獎的車，這人便在莊子面前誇耀：我這人受窮的能力不行，但讓諸侯王獎賞我百十輛車馬，卻是我能做到的。莊子卻說：秦王讓人給他舔痔瘡，舔下下可得五輛車，舔的位置愈低下，得車愈多，你難道給秦王舔痔瘡嗎？（《列禦寇》）

這樣看莊子不是太沒責任感，又太刻薄了嗎？然而對那些沒有正常人格、整日只知投機鑽營的人，這種不負責任與刻薄，或者說處世的逍遙，不正是人性正常表現，同時也是對一種純潔正直的社會風尚的形成的一種極富責任感的努力嗎？

然而逍遙人生，更重要的是要把人們從心造的籠子裡解救出來。莊子不慕富貴、不建功名，但果真如他自己所言那樣無為嗎？不！果真無為，那就沒有《莊子》一書傳世，也就沒有莊子在當時的聲望與後來的影響。所以，莊子的無為只在說明，功名富貴的籠子可以拋棄，莊子的逍遙，只在確認人本身的價值。

是的，人生在世，生存尚且不易，生存之外又要背上人際關係、等級觀念、繁文縟節等重負，人為什麼不想想，在當初一聲赤子墜地的啼哭裡，大家不都是一樣的人嗎。往後，為什麼不能真誠相見、開顏談笑、逍遙一下呢？

莊子的逍遙人生的風格，價值也應該在生命的根本點上。

逍遙遊好比有錢人的旅遊，底氣十足，可以盡性。人生來即富足，後因世事變遷而失去。人抓住變遷，順風而起就可以更加富足，重返自由。逍遙遊就是重返自由，好比鯤化為鵬飛起來。

逍遙遊好比有錢人的旅遊，底氣十足，不會半途而返。

人都是愛玩的，特別喜歡遊山玩水。雅人謂之浪遊山水，其實就是遊山玩水。那麼，雅人，或者說有學問、有思想的人浪遊在山水中有沒有意思呢？有意思。

比如晉朝的王羲之浪遊東南山水，參悟書法；唐朝的玄奘浪遊西域，萬里取經；明朝的徐霞客浪遊天下，半是科學考察，半是玩耍。

以上雅人種種：王羲之、玄奘、徐霞客都因為不同的目的去遊山玩水，有沒有意思呢？有意思。凡此幾種人，不遊不快。

我們必須承認有錢人比雅人活得滋潤！

必須承認有錢人的遊玩可以比雅人更盡興！

因為有了錢就可以準備充足，有各種交通工具代步，有各種人侍候，險處有人開路，美處讓我獨享，有美金隨時取用，可以洗溫泉，可以在帳篷裡看日出，沒有苦，只有樂，這才叫旅遊，何必一定要受盡萬難，才能見真山真水？

只要是真人，就可以見真山真水！

莊子自從寫了《逍遙遊》後，「逍遙遊」一詞成了常用語，很多人動不動就說自己逍遙快活，其實是意淫。讀書人在書齋裡走神，做白日夢，哎呀呀，以為爽呆了，馬上提筆寫一篇記夢的詩文，其實太可憐了。正好比曹植得不到甄妃，就寫了一篇《洛神賦》，寫得那麼美，有什麼用？那麼，什麼是逍遙遊呢？

逍遙遊首先不是常人理解的神遊。神遊一詞好聽，說白了就是走神，做白日夢，毫無意義。我曾學佛，並且正在學道，對種種靜坐功夫不陌生，其實那時出現的種種美好感受都是幻覺而已，而已。

正如耶穌的「復活」不是抽象意義的精神復活，而是實實在在的身體復活；莊子說的「逍遙遊」絕不是坐在那裡出神，而是實實在在地讓身體享受到了旅遊的快感。

正如莊子所形容的「無所欲兮無所求，泛若不繫之舟」。

玩的境界有三種：

一為玩自己。

二為玩別人。

三為玩整個世界。

當然這不是玩弄，而是玩耍。

人生貴嬉戲，嬰兒之所以最快樂，即在於她有一顆嬉戲的心。動物也比人快樂，也在於它有一顆嬉戲的心。

到了第三層境界，人把事情玩大了，但玩得不過火、不走火，因此很痛快。與眾人共商，與天地共狂，但又絕無傷害，這種玩是真正的玩。

逍遙遊不是浪遊。浪遊太苦，並不逍遙。

逍遙遊不是神遊，不是出神，不是夢遊。

逍遙遊是旅遊，準確地說，逍遙遊是有錢人的旅遊。有了錢才好玩。

好了，我們終於明白逍遙遊的意思了，我們終於理解莊子的原義了，我們終於撕下自己的虛偽面孔了，多爽！

逍遙人生，或許這是一個過分詩意化了的命題，於人生也許太不負責任了。因為，人要活著，要獲得衣食住行的條件，本身就不容易，更不要說做一番有益於世人的事業，逍遙談何容易。踏踏實實，兢兢業業，隱忍辱負重，不說比逍遙好得多，至少實在得多。於是，人生代代無窮已，人們也便循循相因地習慣了隱忍辱負重的生存事實與生存風格。不過，人們又似乎清醒地不滿這種生存情景，在隱忍的另一方面，常常對二三摯友知心，促膝長嘆，藉酒發洩，這似乎又是人生司空見慣的一幕情景。何況還有貪婪者為著非分的佔有慾又經受著另一種心靈煎熬呢！

不要有和自己過不去的心理

公則自傷，鬼惡能傷公！

心理的動力使人克敵制勝是一個方面，但日常生活中，心理負擔導致自身失敗、束縛個人聰明才智的事情，也多得很。

齊桓公在草澤中打獵，管仲替他駕車，突然桓公見到了鬼。桓公拉住管仲的手說：「仲父，你見到了什麼？」

管仲回答：「我沒有見到什麼。」桓公打獵回來，疲憊困怠而生了病，好幾天不出門。

齊國有個士人叫皇子告敖的對齊桓公說：「你是自己傷害了自己，鬼怎麼能傷害你呢？身體內部鬱結著氣，精魂就會離散而不返歸於身，對於來自外界的騷擾也就缺乏足夠的精神力量。鬱結著的氣上通而不能下達，就會使人易怒；下達而不能上通，就會使人健忘；不上通又不下達，鬱結內心而不離散，那就會生病。」

兵法上有這樣一句話：置之死地而後生。

說的是在與敵人交戰時，將軍有意將自己的軍隊的陣地和營地安放在沒有退路的絕境。這樣，官兵們以為自己已沒有活路了，只有拚死衝殺。既不指望吃了敗仗還有逃命的去處，也不想天兵天將來把自己救出禍坑。只有打，一往無前地打。既然不能活了，命就要沒了，還有什麼牽掛的呢？

所以這樣的軍隊打仗，心理負擔最少，當然最有戰鬥力。

韓信打敗趙國大軍，採取的就是這種戰術。韓信大獲全勝，他手下的將領問他說：「兵法上說，行軍佈陣，必須是右面與背後靠近高山，前面和左面臨近大河，您讓我們背著大河擺開陣勢，完全是死路一條，卻又如何讓我們取勝的呢？」

韓信便講出了類似以上的一番道理。

這實際是一個心理作用的問題。

心理的動力使人克敵制勝是一個方面，但日常生活中，心理負擔導致自身失敗、束縛個人聰明才智的事情，也多得很。

有位象棋愛好者，平常和別人下棋，談笑風生，出手極快，落子就像不假思索，周圍的人很少是他的對手。但到象棋比賽的時候，平常他可讓邊車邊馬的對手，這時卻可以把他殺個大敗。為什麼這樣？因為，他心裡老想著這是比賽，我一定要下好，心理極度緊張，思想放不開，聰明才智就發揮不出來。而在實際投子佈局時，又前怕狼後怕虎，猶猶豫豫，結果，終於讓自己打敗了自己。

這當然還只是一種娛樂，成敗無關緊要。而在人生事業的重要關頭，如此心理負擔，不僅束縛了自己的聰明才智，而且還成了自己奮力進取的絆腳石。

人做任何事，不可能沒有一種心理，但對於成功而言，人只需要有助於成功的心理，不要那種和自己過不去的心理。這就是常人所說的，要放鬆，儘量放鬆。要說這其中有什麼道理，那就是沒有目的，卻自然達到了目的。

名聲和實事，本來應是一對一的。有什麼實，就有什麼名，有什麼樣的內容，就有什麼樣的形式。二者統一做實事本身，二者不矛盾，也不分離。

如果要是分離了、矛盾了，那就是人的錯誤，那就要壞事情。像上面說的那位棋手，名實相副，正常地發揮實際水準與能力，比賽取勝，是順理成章的事。正如到了冬天，穿上棉衣；碰到豺狼，拿起獵槍，絕沒有錯誤。但一心想著名聲，想著功成名就將怎樣，不成又怎樣，於是，名改變了實，人就要遭到失敗。人的心理上的事兒就這樣玄妙。

人生世上，常常難的不是明白大道理，而常常困難的是，明白了大道理，卻做不好小事情。

這就是，人常常給自己作了一個心靈的籠子，卻走不出來。

魯國有個被砍斷了腳趾的人，前去拜見孔子。孔子卻責備他：

做人行事不檢點，遭受刑罰成了殘廢，現在即使求教聖賢，於事情又有什麼好處呢！

那人回答：「我就是因為不懂世事人情的複雜，便輕率地投身社會，所以才被砍去腳趾的。現在我來到您這裡，就是認定世上還有比腳趾更寶貴的東西可追求，所以我下定決心，要使它完美無缺。天可覆蓋一切，地可容納所有。我把先生視為覆納全部所有的天地，想不到先生這樣計較外在形骸，真令人失望！」

孔子立即意識到自己的精神正陷入一個自我製造的籠子裡，趕緊說：「孔丘實在太淺陋了，先生何不深細地給我指點一番大道呢？」那人什麼都沒說，轉身就離去了。孔子長嘆說：同學們哪，要努力啊！這個殘疾人尚且努力學習，以彌補自己殘形的不足，何況健全的人呢？

那人走後對老子說：「孔丘作為一個德才完美的人來說，還差得遠哩！他幹嘛總是裝得彬彬有禮、擺出一副好學慕道的樣子呢？他大概是希望透過這裝模作樣獲取聲譽，使自己名揚天下吧！然而，他哪裡懂得，大智大慧大才大德的人恰恰是把這些看成是人心靈的牢籠、人生的枷鎖！」

老子說：「你怎麼不直截了當地指教他，讓他走出心靈的樊籠呢？」

那人搖搖頭說：不可能！這似乎是老天對人的一種懲罰啊。

那個失去腳趾的人確實說對了，人實在有一種與生俱來的、自造的心靈的籠子。說道理瀟灑，為人處世總難得瀟灑。成功、失敗、優點、缺陷、幸福、痛苦、貧困、富有……人生所有，特別是自己與別人比較突出的特點，尤其成為大的心靈的籠子——強人之處，產生驕傲的毛病，是自己的一種負擔，不如人處，產生自卑心理，更是一種精神負擔，這不都是心靈的籠子嗎？

走出來，天地寬廣，活得瀟灑。

然而，眾多的人卻走不出這籠子！

說置之死地而後生，說不可為名而忘實、為實而背名，都是說為人做事處世，都不要給自己做一個精神包袱，使自己處處被動。正當的倒是應該放下包袱，輕裝上陣。俗話說福至心靈，有些玄乎，但為人做事如果身心輕鬆、聰明智慧確實可增加幾倍。

孔夫子曾和他的學生談過身心輕鬆，心地聰明的道理。

顏淵曾問孔子說，我曾在宋國一條河上乘船過渡。擺渡人的駕船搖櫓技巧簡直是神了。我問船夫說：「駕船的技術可以學到手嗎？」擺渡的船夫說：「可以，會游泳的人很快就可以學會它。要是會潛水的人，就是從來沒見過船，一上船，便自動地會駕船搖槳了。」我問船夫，這是為什麼，他卻不回答我。先生說說好嗎？

孔子說，會游水的人很快就能學會，這是因為他們通水性，不把水放在心上。那會潛水的人，就是從來沒見過船，可以駕船的，是因為他看深淵就像地上的小山包一樣，看待翻船落水這事兒，就像車子在地上倒退一樣。船翻也罷，倒車也罷，這在他面前太平常了，他根本不往心裡去。這樣，他在何時何地會不安閒自在呢！

拿瓦礫作賭注的人，心靈手巧；拿銀錢作賭注的人，便很害怕只輸不贏；拿黃金作賭注的人，便更是心神迷亂。他們進賭場的技巧是一樣的，但心理狀態卻大不同，就是因為對外物的態度有區別。凡是以外物為重的人，內心總是昏聵的。

心病還需心藥醫，不要自己嚇自己，自己才是人生路上的坎，邁過這個坎，就天高雲淡。

心在純淨

水之積也不厚，則其負大舟也無力。

有些人總感覺活得太累太重，其因何在？就在於不能心靜如水，達不到「純心」的境界。純心並非稚嫩，而是看過人間是非之後的安靜。

愈純愈厚重，就愈能擔當。姑射山上的神人之所以那麼美好，就在於他能做一個純粹的自己，而不與天下人隨波逐流。只要你單一、專注，就可以明白一切。

有個作家寫了他的一位朋友。這朋友到別人家裡，別人給他蘋果，他拿了就吃，也不客氣一下，也不推讓一番。吃完了，玩倦了，他就靠在人家桌子上睡著了。有時，別人給他葡萄吃，他不假思索地推開，說：「不好吃！」他也不管別人臉上好不好看。他樂意了就主動給人推車、搬煤、趕貓趕狗。他不高興時，分明看見雞蛋滾到桌邊上也不動手擋一下，一切率意而為。

作家說自己，見人一口笑，即便心裡要哭也要裝一副歡天喜地的樣子。見了想吃的東西，嘴裡口水淌，卻硬撐面子，一迭聲說「不吃不吃」。見了老官僚，心裡恨他作惡多端，老不死，不早死，嘴裡卻滿口「您老德高望重，愈看愈顯年輕」，還要裝出一副天真淘氣討人愛的樣子。

作家說，我之作為，自己都噁心，我能像我那位朋友一樣嗎？不能！他才三歲！

三歲當然還在人生最初的境界，當然還保持了最初的純真。

如此單純、和諧、真率，顯示了一種神聖的境界、一種純潔的心地。此後，人便進入了漫漫的一生歷程。這真是一場又苦又累的跋涉，又是一場又誘人又叫人心灰的賭局——人需要的太多，社會的許多存在像哄抬物價一樣讓人不得不去爭奪：權力、金錢、地位、情感、異性、土地……。

一切都要有「度」。

就連自由也要有「度」。

無限的自由使人享受不到自由，因為這個無限逼迫你去滿足無限中的每個「一」，就會把你分成無數個「一」，這樣你連做出選擇都難。比如一個男人有無數個妻子，每個妻子都要求他來自己身邊，這樣，這個人就會被大卸八塊，死無葬身之地。

莊子說的逍遙遊是有度的，不是想飛多遠就多遠，飛太遠就沒意思了。鵬擊水三千里，往上飛九萬里，都是有度的，這樣它就能享受擊水與飛翔的樂趣，也能享受俯看蒼穹的樂趣。如果有人強迫鵬一直飛、一直飛，飛到了九萬里還要飛，那麼就沒有意義了。因為路途太長、走太久，將使一切遙遙無期，備受煎熬，談何享受？

自由亦然。

其實人都是自由的，你不能不自由。我可以隨心所欲說任何一句話、想任何一件事，我可以隨心所欲指揮自己動這動那，毫不困難。

對於人本身而言，人是自由的，你可以如意操縱自己。

對於外部而言，人是不自由的，你操縱不了任何人。

人所有的苦惱都源於此。但當你想明白了一件事，你就覺得很好了。那就是：

你只需做好自己就夠了，這是唯一的意義。

別人不能替你生，也不能替你死，這就說明了別人取代不了你。

你只需要不斷地修練，就可以飛起來。記住：起飛的那一瞬間，千萬不要管別人，你稍有分心都飛不起來。

鯤在化為鵬的那一瞬間，它不管身邊有沒有其他的魚，也不管其他的魚有沒有在變化，它只管自己變化，集中全部精力變化，這樣，它就成功地變化成鳥了。其原理如下：

鯤不能帶一群魚都化成鵬，一個人不能帶所有的人致富，他只需要先富起來，這樣全家都受惠了。所謂「一人得道，雞犬飛昇」即此。

重在個人積累。莊子說：

「水之積也不厚，則其負大舟也無力。」就是這個意思。《逍遙遊》上講了一段《萬物壽不同》的話：

有一種植物叫朝菌，一見到太陽便死，永遠不知道一天有多長。

有一種蟲叫蟪蛄，生於春天死於夏天，生於夏天死於秋天，永遠不識一年的光陰。

楚國南邊有隻靈龜，以五百年為一個春季，五百年為一個秋季。

上古時有棵大樹，以八千年為一春季，八千年為一秋季。

彭祖活了八百歲，長壽之名流傳世間。

講的也就是積累的問題。積累到位，自然境界不同。百萬富翁不可與億萬富翁鬥富，小道士不可與真神鬥法，就這麼簡單。

《逍遙遊》上還講了另一個故事《許由不接受堯讓位》：堯要把天下讓給許由，對許由說：「日月已經出來，燭火的光芒毫無意思。及時雨滋潤了禾苗，再提灌溉也是徒勞，先生若在位，天下將大治，我再佔著這個位置很羞愧，請允許我把天下交給先生。」

許由說：「你治理天下已經很好了，我再來替代不是竊了你的名嗎？算了吧，天下對我是沒有什麼用的。」

許由的大意就是：各人做好自己就行了，別人取代不了你，你也不能干涉別人的生存。

這樣的一番積累與獨自修練後，我們就可以達到各種神奇境界。那樣境界神奇不一，有一點卻是共同的，那就是：

那時我們非常純粹，是百分百的自己，不含雜質，是純金、是璞玉、是自然之水。

只要夠純，就會夠神。

莊子說：「其神凝，使物不疵癘。」就是說我一旦進入凝神狀態，萬物也會變得單純美好、完美無缺。這時自身與外物將和諧。

修一切的道都要誠信、專注，這樣才得以飛升。比如鯤化為鵬的那一瞬間，它是單一的、純粹的、專注的，因此可以化身為鵬。原理如下：

我們的積累不是為了積累得夠多，而是為了積累得夠純。《莊子》上講的《姑射山上的神人》向我們展示了這種「純粹」的神奇境界：

遙遠的姑射山中，有一位神人居住，皮膚潔白如冰雪，姿態柔宛如處女，不食五穀，只是吸清風喝露水，乘雲氣駕飛龍四海遨遊。

他精神凝聚以護萬物，年年五穀豐收。

他的德性與萬物合為一體，滔天洪水淹不了他；大旱融化壘石、燒焦土山，他也不覺得熱。

他的「塵垢粃糠」也可以製造堯舜來，他不肯把治理天下當作自己的事業。

《莊子》上講的《姑射山上的神人》向我們展示了這種「純粹」的神奇境界。

這就是純粹的神奇境界。

無限是無意義的。有限才能把握。

同樣地，我們為人不能雜亂，一雜亂就無所適從，要選擇一樣來做到底，自然可以神奇、成功。

姑射山上的神人之所以那麼美好，就在於他能做好自己，而不與天下人隨波逐流。

只要你單一、專注，就可以明白一切！

「純」的境界：

純是覺醒

美女幼小時，不知道自己是美女，於是一切姿態自然美好，讓人喜歡。一朝覺醒，美女就顧影自憐而自戀，從此扭揑作態，一段天然全由自毀。何者為「純」？竟是後者！不覺醒等於零。美女不知道自己美，人不知道自己是自由的，這都無意義。覺醒後才有意義。九分九的金子勝於百分百的金子。不純之金勝於純金。人毀後才是純的。

純是動，不是靜

謝安指揮淝水之戰時，在家裡下棋。他必須找點事做，必須動起來，才能以自身的小運動應照外界的大運動。世上沒有靜，有的只是「動的和諧」。靜坐非靜，血在流。花開非靜，香盈袖。愈動愈純，以速度致單一。

純是一

森林再大，也是「一片」森林；地上人再多，也是「一」個地球村。道生一，一生二，二生三，三生萬物。然後又是萬物歸三，三歸二，二歸一。純是「一」切，而不是「一」個。反照自身，原來所爭的一切並不屬於自己。最輝煌的成就，也常不過功過相當，更別說並不輝煌的業績，亮底兒看，損人尤多，損己亦尤多。原來，人生的輝煌曇花一現，短暫中又摻著許多虛假。原來，真正的鮮花與陽光，歲歲年年今又是，日日新，月月新，只在自然的懷抱中。

這猛醒只在生命的最後時刻才看得到，實在遲了些，但遲了也有意義。

有兩位英雄同室操戈，一成一敗。成功者，佔有天下，為帝為王。失敗者，流落他鄉，寄居外國了。一生不免壯志難酬，淒風苦雨。為帝王者後來晚節不佳，幾乎把天下斷送了，眾叛親離中，孤苦謝世。旁人把這消息告訴流落異國他鄉的那位英雄，意在安慰他，讓他高興，那人卻說：「我也是要上那條路的，一切都過去了。」

一句話說盡了爭鬥的徒勞，榮華的虛妄。

所以，第二次世界大戰時赫赫有名的英國首相邱吉爾，臨終前，別人請他說幾句話，他竟然說出了：「一切都厭倦了。」他不再說，也不再做了，從容歸去。

拍馬逢迎者的可恥模樣

雖以事齒之，神者弗齒。

好聽蜜糖話兒的主子與善灌蜜糖的奴才，往往捉對出現。並且，奴才又總是比主子還精明一籌——他那些搜腸刮肚、機智聰敏的馬屁話，可不是隨便說的。那叫智力投資。

拍馬逢迎，說起來人皆不恥。看著和珅的處處奉承、時時阿諛，人都以為可恥可鄙。而我獨佩服之至。

佩服什麼？佩服他的精明。

這個和珅，別看他治國無才、安邦乏術，對人的悟性卻很高。他對乾隆琢磨得很透徹：這種有為之君，一向好為不凡之舉，自視甚高；最喜歡別人發現自己的英明過人之處，稱頌自己的豐功偉績。奉承話即便說過頭了，皇上也愛聽；皇上即便聽出了肉麻，也沒什麼危險，頂多不過訓斥兩句罷了，和珅還有一悟：在皇上身上多下工夫比在政事上煞費心血、創造政績，在戰場上建功立業，要容易得多，收益也大得多。它是博取高官厚祿的一條捷徑。

切不可以為乾隆就比尋常人糊塗，和珅就比尋常人下作。其實，愛好聽話是普遍人性。這種人性不光皇帝身上有，一般人也有。喜歡拍馬奉承是一些人的普遍習性，只不過和珅是一個集大成者，將這種習性發揮得更見工夫，連尋常慣於拍馬的人看了，也覺得有點兒刺目、有點難為情罷了。

有愛聽奉承話的官員，也就相應地產生大批愛恭維人、善拍馬屁的各式各樣的奴才。好聽蜜糖話兒的主子與善灌蜜糖的奴才，往往捉對兒出現。並且，奴才又總是比主子還精明一籌——他那些搜腸刮肚、機智聰敏的軟話兒，可不是隨便說的。那叫智力投資。他的最終目的是索取報酬，加倍贏利。

拍馬的傳統在中國可謂源遠流長。君若不信，請允許在下拾取幾例。

南宋有一名叫韓侂胄的宰相，權傾朝野，人臣競相攀附。一日，韓侂胄與眾賓客去南園宴飲。經過一個山莊，見有竹籬茅舍，侂胄說：「可惜呀！可惜！看了這個山莊，真有田舍間的風味，只可惜沒有雞鳴犬吠之聲，是美中不足。」不一會兒，聽見草叢中有狗叫的聲音，循聲一看，原來是工部侍郎、前臨安府尹趙師伏在地上學狗叫。侂胄不禁大笑。眾客皆嘆服之。

韓氏幼年有一啟蒙老師，名叫陳自強。侂胄當國時，這老陳尚未就墓，就來投奔學生。侂胄設褥於堂上，請老師升座而後拜之。從官皆驚而奇之：堂堂韓相，連皇上都不放在眼裡，何曾對人這麼恭敬過？侂胄對大家說：「陳先生，老儒也。汩沒可念。」

第二天朝臣就交章推薦陳自強，說他道德文章可以治國平天下。陳氏立馬由秘書郎而右正言，而諫議大夫，而御史中丞，而簽書樞密院事，而右丞相。這個行將就木的老頭兒，以師父之尊，居然稱韓侂胄為「恩主」，說要「以死報之」。其「自強」不息的精神果然不俗，令人嘆服。而各位大臣對韓相心思心領神會的功夫，也堪稱精熟。

再往前推，莊子也講過這麼一個有趣的故事：宋國有個叫曹商的人，他替宋偃王出使秦國，動身出發時，宋王送給他幾輛車子。到了秦國，秦王很喜歡他，他又得到了一百輛車的賞賜。

曹商回到宋國，便神氣得不得了。他見到莊子便賣弄說：

「住在窮街小巷，窮得靠打草鞋賣錢糊口，餓得臉色發青，那是我無能為力的地方。一旦得到重用，使一國君主聽從我的教誨，如夢方醒，這樣跟隨我的馬車就會達到百輛之多。這是我稍微勝一籌的地方。」

莊子微笑著回答：「聽說秦王請醫生治病，凡是能刺破他身上膿瘡、排出膿汁，可以得一輛車子的報賞。凡是能夠用舌頭舔他痔瘡的人，便可以得到五輛車子的報賞。以此類推，治療的地方愈低下、愈髒，所得的車輛愈多，難道你舔過秦王的痔瘡嗎？不然，為什麼得到那麼多的車子呢？快滾吧，你這沒廉恥的小人！」

這個曹商，果真以為自己聰明，居然得意洋洋地來恥笑莊子「困窘織屨」。真正是愚蠢下流之徒，往往自以為得計，不知己之蠢鄙矣。古往今來，如曹商這樣的人，該有多少？

不要被虛名所累

名者，實之賓也；

人生有許多虛浮之事，名利皆是如此。短淺之人認為這是生命之本，墮入名利之中。其實人生之真恰恰在於擺脫這些虛浮之事。

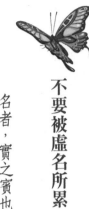

莊子在《逍遙遊》講了這樣一件事；

堯打算把天下讓給許由，說：「太陽和月亮都已升起來了，可是小小的炬火還在燃燒不熄；它要跟太陽和月亮的光亮相比，不是很難嗎？季雨及時降落了，可是還在不停地澆水灌地；如此費力的人工灌溉對於整個大地的潤澤，不顯得徒勞嗎？先生如能居於國君之位天下一定會獲得大治，可是我還空居其位；我自己愈看愈覺得能力不夠，請允許我把天下交給你。」

許由回答說：「你治理天下，天下已經獲得了大治，而我卻還要去替代你，我將為了名聲嗎？『名』是『實』所派生出來的次要東西，我將去追求這次要的東西嗎？鷦鷯在森林中築巢，不過佔用一棵樹枝；鼴鼠到大河邊飲水，不過喝滿肚子。你還是打消念頭回去吧，天下對於我來說沒有什麼用處啊！廚師即使不下廚，祭祀主持人也不會越俎代庖的！」

是啊，人生有許多虛浮之事，名利皆是如此。短淺之人認為這是生命之本，墮入名利之中。其實人生之真恰恰在於擺脫這些虛浮之事。

人生的目的有身內的、身外的。

身內的目的，知天達命，不求身外之物，人便活得自在逍遙。

身外的目的，刻意強求，為名譽，為金錢地位所累，慾壑難填，人間毀譽無窮，如何顧及得了。然而，人間自有逍遙在，那就是——

至人無己，神人無功，聖人無名（莊子語）。

莊子這話怎麼理解呢？什麼「至人」、「神人」、「聖人」當然不是神話裡的神仙，莊子指的不過是品格修養極好的人。這樣的人明白為人處世做事的最高道理，在他的心目中，沒有自己的私利，自己和他人打成一片，在利益上，我就是他人，他人也就是我。

無論至人、神人、聖人，還是凡夫俗子，人生無非生活工作。事業成功了，也不特別喜悅，因為這是正常的結果。正如種瓜得瓜，種豆得豆。瓜熟蒂落，水到渠成，一切自自然然。失敗了也不悲哀、絕望，因為事情有成敗之理，因此，失敗常在事情發展的可能之中。這樣，人超越了成功失敗的困擾，那剩下的就是人心安理得的生活與工作。這樣看似無所作為，但人生在世最根本的東西得到了保證。生活本身就是人的作為。

由於無已、無功，也便無名了。社會發展，有許許多多的人做出了轟轟烈烈的事業，做出了驚天動地的壯舉，因而獲得巨大的名聲。這使那些人突然之間身價百倍，那光彩、那地位一下子超出了常人。這也使一般沒做出大事業、未獲得大名聲的人羨慕不已。於是，在社會生活中便出現利己、求功、求名的事情。這對於社會歷史的發展，有必要的一面，但也有不好的一面。人要名，就必然地在出名前為強求出名而苦惱，出名後，又會被俗話說的「人怕出名豬怕肥」麻煩困擾。

虛名，它能為人帶來一時心理的滿足感，也就使爭名、爭虛名的事常有發生。為了虛名而去爭鬥，是人世間各種矛盾、衝突的重要起因，也是人生之中諸多煩惱、愁苦的根源所在。虛名本身毫無價值，毫無意義，任何一個真正的有識之士，都不會看重虛名。

英國哲學家楊格說過：「榮譽不是依仗名位得來的，一個人儘管職位很低，無錢無勢，但他的名譽卻可駕乎千萬人之上。」英國的著名哲學家培根則指出：「有些人在他們的行為中力求光榮與名譽；這種人通常雖是很受人的議論，但是很少人是在內心羨慕他們的。

有些人與上述的這一流人相反，他們掩藏他們的才德，使之不外露，因此他們在一般人的意見中是被估計過低的。假如一個人能做成一件人家未嘗試過的事，或者是一件經人嘗試過而被放棄了的事，或者是別人也做過而未曾做得如此完善的事，如是他就可以比僅僅追隨別人之後而做成了一件更難或更高的事的人得到更多的榮譽。」

這就告訴我們，名譽的取得必須靠實實在在地做，靠創造性的工作和人們看得見的業績，比如那些大發明家、大科學家、大文學家以及奧運會的冠軍等等，他們中有的儘管不善言表，不願接受記者採訪，但他們的行為在人們心目中樹立了令人敬慕的形象。相反，有的人極力標榜自己，自吹自擂，但適得其反，人們卻嗤之以鼻！

當然，也有的人伸手要榮譽，或者弄虛作假騙取榮譽。有的把榮譽稱號作為送人情、搞心理安慰的手段。更有甚者，把榮譽稱號明碼標價，公開出售。這不僅僅是對社會道德的庸俗化，可以說是對人類精神文明的褻瀆。所以，我們看一個人具有的某種榮譽，不管其牌子有多大，關鍵看是否真正對社會作出了貢獻，正如希臘哲學家亞里斯多德所說：「一個人的尊嚴並非獲得榮譽時，而在於本身真正值得這榮譽。」也就是說「不論用什麼方法獲得榮譽，如果後面沒有品格來扶持，名譽終必消滅。」（華盛頓語）

榮譽本身也是責任。一分榮譽，十分責任。一個有健康情操的人，當獲得某種榮譽後，興奮之餘，就是壓力。他要付出更多的努力，去完成新的課題。他往往不是擔心自己得的榮譽低，被別人看低了，而是怕「盛名之下，其實難副」。「因為名譽過高實在是一種重大的負擔。」「與其名譽在前，孰若無毀於後」（韓愈語）。在某地舉辦的一次較高規格的評選先進活動中，有一才幹突出者堅辭榮譽稱號而不受，有人問其緣由。答曰：「圖虛名，招是非，不如留下精力做實事。」

「真正之名譽，在虛榮之外。」「名譽像一條河，輕漂而虛腫地浮在上面，沉重而堅實的東西沉到底下。」（培根語）如同稻田裡的稗子一樣，與名譽孿生的是虛榮。「虛榮心在人們的心中如此穩固，因此每一個人都希望受人羨慕；即使寫這句話的我和念這句話的你都不例外。」（美國，巴斯卡語）這只是指一般人的正常心態，但虛榮心過強會給人帶來無窮的煩惱。踏上虛榮的高台階，必定邁進自私的低門檻。

而實際上，人生在世，張三、李四、王五、何六生來是平等的。造物主並沒有讓誰光彩照人、名氣壓人，也沒有讓誰低三下四，可憐巴巴。成功了，做出了大事業，有了大名聲，還是人；沒有做出大事業，默默無聞，也依然是造物主的可愛兒女。這樣看來，追求名聲常常使有些人失去人的好些天然美好的本性，將純潔變成蕪雜，把天然扭曲為造作。名聲的壞處這樣就顯而易見了。品格修養極好的人就是能不把名當一回事，恢復人生來那種自然、單純的狀態。這就是『聖人無名』。能做到無己、無功、無名，心靈無所困擾，行為自自在在，人活著也就自由、逍遙了。這樣當然是一種大智慧、真深刻。

這是一個方面。但為了保持自己平靜、自然的心態，有時人們也確實需要一種無己、無功、無名的心態。莊子這樣說，從一方面看，肯定很有道理。因為對身外的名聲、事件、功利的關注，都是從一己進入開始的，這當然有私慾在其中。

把莊子這種至人無己、神人無功、聖人無名的人生境界，放到我們現實的人生拚搏中，深刻的道理不說，在為人立身上，實在是一種知進知退、達觀透徹的處世藝術。

莊子還說：「把貪圖財賄看作正確的人，不會讓人利祿；把追求顯赫看作正確的人，不會讓人名聲；迷戀權勢的人，不會授人權柄。掌握了利祿、名聲和權勢便惟恐喪失而整日戰慄不安，而放棄上述東西又會悲苦不堪，而且心中全無一點鑑識，眼睛只盯住自己所無休止追逐的東西，這樣的人只能算是被大自然所刑戮的人。怨恨、恩惠、獲取、施與、諫諍、教化、生存、殺戮，這八種作法全是用來端正他人的工具，只有遵循自然的變化而無所阻塞滯留的人才能夠運用它。所以說，所謂正，就是使人端正。內心裡認為不是這樣，那麼心靈的門戶就永遠不可能打開。」

隨時逍遙，自由自在

故九萬里，則風斯在下矣。

在空中自由遨遊，在風中翱翔，無拘無束，自由自在，方可逍遙暢遊。

鯤要化為鵬，必須藉助風力，但又要在最緊要關頭棄風而飛翔，否則會被風力控制。

逍遙遊的四大境界：

逍遙遊的第一層境界：待風。

待風就是「苦苦等待變天」。

鯤從小魚變成大魚後，也不能平白無故地變成鳥飛走。它還必須等待一樣東西才能起飛，那就是風。有了風，鯤才能飛得起來。它必須經過漫長的等待、準確的等待。

所謂「準確的等待」是指要在準確的時間裡等、在準確的空間裡等，不能有誤差，不能錯過，要剛好風來的那一刻就上，這樣才能起勢飛騰。

這是從鯤的這面講的，在風的一面也有講究，不是什麼風都可以，要最大的風才有最大的勢。什麼風最大呢？《莊子》上講：「去以六月息也。」講明要藉助六月的大風。六月是盛夏，這時天清地朗，熱氣飛旋，正是大風最旺盛時。莊子接著又說：「野馬也，塵埃也，生物之以息相吹也。」說這六月大風像萬馬奔騰，又像灰塵瀰漫，因為它是萬事萬物共同的作用，所以特別猛烈。這樣的風當然可以助鯤飛騰。

逍遙遊的第二層境界：乘風。

乘風就是「風來我就上」。

經過漫長的、確的等待，終於把風等來了。但這時需要「辨風」，即辨識風向，看清這是小風還是大風，不能見風就上，要等來適當的風才能上。「辨風」之後就可以「乘風」。

理想的大風終於來了，在那時候，鯤必須全力一搏，飛騰而起，趁風的運動、趁海的運動飛起來，就可以變成鵬，昂首天外。

我們根據《莊子》原文的描述：

「鵬之背，不知其幾千里也。怒而飛，其翼若垂天之雲。是鳥也，海運則將徙於徙南冥。…水擊三千里，摶扶搖而上者九萬里，去以六月息也……。」

可以得出鯤化為鵬、乘風而上的具體操作程式為：

一大風來了，大海震盪；二鯤奮力一躍，藉助風勢水勢飛起來，化為鵬；三飛起來後要不停地擊水，藉助水勢參與風的運行，最後乘風上天。

簡單地講，就是先藉風力，再藉水勢，最後又藉風力。風力是遠因，水力是近因，鯤的意志則是決定性因素。

水無風，無波。魚無波，不躍。魚無風，不化。魚無志，則不能飛也。

逍遙遊的第三層境界：背風。

背風就是「與風背道而馳」。

乘風之後，鵬與風融為一體。風吹到哪裡，鵬就去哪裡，如此一直飛行了九萬里。

在這九萬里中，鵬在風中，因為它剛成形，不敢妄為，不得不受風控制。但是慢慢地，鵬發覺自己力大無比，完全可以脫離風的控制自己飛行，於是它一個側身，藉風的彈力飛到了風的上面。這時，鵬在風上。關於這一點，《莊子》講得很清楚：

故九萬里（後），則風斯在下矣，而後乃今培風，背負青天……。

鵬御風而行，完成了自我的覺醒。這是它的第二次覺醒。

第一次覺醒：鯤化為鵬、脫離水的控制。通過變身獲得自由。

第二次覺醒：鵬試圖脫離風的控制，自己飛動，即通過擺脫風的約束而獲得全面自由。

剛開始，是風給了鵬機會。但鵬不能永遠跟風走，再走下去，它就會變成風的「奴隸」。「背負青天」，逆天而行，從而通過以一人對抗全世界的孤獨方式完成了自身的豐富，以一人肩負全世界的壓抑方式完成了心靈的解放。

就這樣，鵬的意志不但使它飛起，還使它與造物主平起平坐，不再自卑於神靈，相反的，牠要脫離一切的道自成一道，自由翱翔。

這種逍遙是自傲的，它自製一種生存方式，不是遊刃有餘，而是遊於刃之上，它以另一種方式實現了自由。

逍遙遊的第四層境界：棄風。

棄風就是「把風拋棄，忘了風」。

即反叛風。這時不要順風，要逆風，只有這樣才能自由。

但這種自由還不徹底，因為鵬雖然不再跟風了，風卻還要跟隨鵬，如影隨形，很難擺脫。就算鵬輕輕一振翼，風馬上就從翅膀間滑出。

依風而行，不是真正的飛翔。

真正的飛翔是靜止的飛翔。列星都是本身不動，而投身於軌道中，自然可以隨天運行。

凡有翅膀的都飛不快。

要想真正地飛翔就不能靠自己飛，要藉助更大的力，那就是大道之運行，即大化，也即天時。大風很大，但它自己吹不起來，也要藉天時。

因此，我們與其藉風，不如藉風背後的風，那就是天時。只要我們進入軌道，就可以無翅飛翔，就可以真正飛翔。

這時，我們飛到一定高度就把翅膀合起來，任憑自己滑落進軌道。滑落的速度很快，但不要怕，自然有引力把我們吸引過去，不會亂落，昇華後的墮落是安全的。

我們棄風而行，可以不再因乘風而狂亂，以一顆寧靜的心進入永恆。

棄風是最高境界，棄風後鵬才是鵬，飛才是飛，逍遙遊才是真正的逍遙遊。一切自由自在，藉天道婉轉天地，實現自我之完美。

利得不要忘害

以人之言而遺我粟，至其罪我也又且以人之言，此吾所以不受也。

禍福變化，難以預測，但也有大致規律可循：困厄艱難的環境總是向順利如意的方面轉化。如果各懷私心奔各自的目標，認為自己必定得手，往往就會有栽跟頭、碰壁的時候。

人生的需要可謂說不完、道不盡，而誰得到的愈多，便是福分愈大。然而，得到了還要能守住它。如果盲目瞎闖，或者天有不測風雲，突然飛來橫禍，這樣，無限榮華，前程似錦，也就變成什麼都沒有了。

所以，平安是福，是最大的福分。有人才有世界。身外之物如雲煙，平安才是無價寶。

對於人生，尤其是那些有才智的人，一生最大的樂事莫過於事業成功，受人愛戴，受人尊崇。果真如此，功成名就，聲譽鵲起，於自己就可能忘乎所以，目空一切；於他人，就會把成功者奉為神明。如此，可怕的事情就會到來。

四季遞轉，總是有始有終，周而復始；人世滄桑，變化無常就像捉迷藏。

禍福變化，難以預測，但也有大致規律可循：困厄艱難的環境總是向順利如意的方面轉化。如果各懷私心奔各自的目標，認為自己必定得手，就會有栽跟頭、碰壁的時候。

成敗毀譽的事，誰能定準？

莊子說：「熱中於物慾，心火會一天天旺盛；以厲害為懷，難免傷損中和之氣。這樣，內心清澈的月光必為身外利益遮掩，日久天長，形神俱傷。」

老子說，「禍兮福所倚，福兮禍所伏。」

禍福總是拴在一起的，禍中藏著走向福的種子，福中也有禍的萌芽。

俗話又說：禍福無門，唯人自取。

禍福固然無定，有時人們防不勝防。然而禍福既然是人的禍福，人能自取，為什麼不能有所規避、有所去就呢？

中暑了的人，擋不住盛夏的酷熱，多想天邊吹來冬日的寒風。

受凍的人，又多懷念秋日的涼爽，又多嚮往春天的和暖和夏天的火熱！

被債主逼得走投無路的人，誰不想突然通神，有點石成金之術，變窮困為富豪！

然而，利益來必行善，去必有故。不明不白地受益，也必稀里糊塗地受害。

因此，列子窮困潦倒，臉上出現飢餓的顏色，但絕不接受鄭國宰相子陽贈送的糧米。

因為，列子記得自己並沒有和子陽打過交道，子陽為什麼給自己送糧食？還不是聽他手下的人說：「列子是個賢人，他就在您治理的國家裡，他現在連飯都沒得吃。這樣，您豈不成了不愛賢才的宰相嗎？」

子陽是為了自己獲得好名聲而給列子送吃的東西，並非真正愛惜賢才。

列子謝絕了子陽派來送糧米的人，列子的妻子深深嘆息。她埋怨說：「只聽說有道德有才學的人的老婆子女，都能過上快樂安逸的日子。可是你把我們一家子都養得皮包骨頭了。當權的宰相既然已派人來慰問，又送糧米給我們，你為什麼偏偏不接受呢？你自己不要緊，未必身家性命也不要？」

列子笑著向妻子解釋道：「宰相並不是真正瞭解我，只不過聽別人講我，他才叫人給我送糧食。現在救濟我是如此，如果一天有人在他面前說我的壞話，他必然依別人的隻言片語加罪於我。這怎麼能行呢？這就是我不接受糧食的理由。」

原來子陽為官，確實為所欲為，不久老百姓起來反抗，殺死了子陽。列子雖然窮困，卻依舊平安，道德學問依舊芳名遠揚。

由此可見，利益的背後往往隱藏著禍害，得利不要忘害。

從前有一家主人愛上醜陋心險的女僕。她用很多金錢把自己打扮得很華麗，去同女主人比美。她還不斷地祭奉阿佛洛狄忒，請求將自己變得漂亮些。在睡夢中的阿佛洛狄忒對女僕說不能為了她的祭品而賜給她美貌，並對以她為美的人感到氣憤。

這就是說，凡是用卑鄙的手段致富的人，不要得意忘形，別忘了自己是什麼身分，別忘了自己的本來面目。

須知，發展是為了生存，有生存才有發展。捨命求利，利將歸誰？

所以，勤勞者安，不貪者富。

看問題不能光憑一處

舉世而譽之而不加勸，舉世而非之而不加阻。

世上沒有無用之物，一切都有用處，關鍵在於你會不會用。一旦進入物我合一的境界，就可以與物融為一體，知其用、悟其妙，並且深知它的來歷。從而明白物、我與一切的昔在、今在與將在，就可以藉一切的妙用實現自我。

《莊子》上講了一個《大葫蘆》的故事：

魏王送惠子一種大葫蘆的種子，惠子把它種在地裡，長出容量為五石的大葫蘆，用來盛水堅硬程度不夠，鋸開作瓢又沒有容下它的水缸，惠子認為大而無用，就把葫蘆砸碎了。

莊子對惠子說：「這是你不會使用大的東西，宋國有一個世世代代以漂洗為業的人，製造了一種不龜裂手的藥物，有個客人願出百金收買他的藥方，這個宋人視這藥物用處不大而賣給客人，客人拿了藥方遊說吳王，率兵與越國作戰，因有這藥而大敗越國，這個客人得以封侯。這個客人便懂得事物的大用，你有五石容量的葫蘆，為何不把它作為輕舟而浮游於江湖，可見你心如茅塞還未開通。」

莊子揭示：世上沒有無用之物，一切都有用處，關鍵在於你會不會用。愈是無用之物，愈可以大用。因為大用之物都會以無用的面貌示人，它不符合規範，別成一格，需要明眼人識之。

在高明的畫家看來，敗牆枯木，都可以入畫。

在高明的琴家看來，流水風聲，都可以譜成曲。

在高明的詩人看來，街頭爭吵，房中大鬧，都飽含濃濃詩意，可以入詩。

為什麼有時我們會覺得某物無用，這是因為那時我們沒進入物我合一的境界，物是物，我是我，毫不相干，因此不能理解此物的用處、妙處，更不知道此物大有來頭。

一旦進入物我合一的境界，就可以與物融為一體，知其用、悟其妙，並且深知它的來歷。從而明白物、我與一切的昔在、今在與將在，那麼，我們就可以藉一切之用實現自我。

《聖經》裡的魔鬼撒旦是個大壞蛋，但它也有用，因為它可以試出一個人信的程度、愛的真偽。比如《馬太福音》講，撒旦試探耶穌，趁他餓了，說：「你若是神的兒子，可以吩咐這些石頭變成食物。」

耶穌不吃它這一套，拒絕點石成食。

撒旦又試探耶穌，帶耶穌到聖殿頂上，說：「你如果是神的兒子，就跳下去，因為神會托著你。」

耶穌又不吃它這一套，說：「不可試探主－你的神！」

撒旦又把耶穌帶到一座最高的山，將山下一切繁華指給他看，說：「你若俯伏拜我，我就把這一切賜給你。」

耶穌怒了，說：「撒旦退去吧！」

在這裡，耶穌因為撒旦的三次試探而堅定了信心。

在這裡，魔鬼是有用的，而且用處巨大。

由此相推，世上一切試探、磨難、憂患、痛苦都是有用的，因為它助我成長。

老子說：「貴大患若身」。意思是大患難、大憂患是寶貴的，我要珍惜它像珍惜自己的身體一樣。

孟子說：「生於憂患，死於安樂。」

道家、儒家，基督教都向我們明示了一切皆有用處，旨在最後指出：我們自身當然也是有用的。這樣，就從根本上杜絕了我們成為厭世者與自厭者的可能。

一般人誤以為老莊消極厭世，其實大謬不然。

老子是個積極用世的思想家，指導人們以內心的柔克外面世界的剛，保全自身，並因無為而獲大為，因無功而成大功。

莊子則為我們指出了人們重獲自由的現實途徑，那就是如鯤化為鵬般的逍遙遊。

聖人愛世人，所以要用種種聖賢書來啟迪我們，心之所至、用之所至，怎麼能說是無意義的、無用的呢？

按《聖經》的說法，人是神的奴僕，即使如此，我們也要做好奴僕的事工，那麼，我們就可以透過敬畏、愛己愛人來榮耀我們創新的神，從而創新自我，優先取得進入天堂的綠卡，可以成為樂土的永住民。

莊子說：「無所可用，安所困苦哉！」

無用就是自用，那是杜絕一切雜念，專注自我的高級修練形態，必有大用。《易經》開篇就說：「潛龍勿用」，意思是龍要飛騰，就不能見風就起，必須有所待，要稍安勿躁，他日才能真飛。

總述本章要旨：一切都有用處，都可以助我修練。當我本身無用於世時，就是即將大用於天道時，要積極善待自身。

莊子曰：「舉世而譽之而不加勸，舉世而非之而不加阻」，就是這個意思。

眼光不只是用來看腳下的路的，還要看身邊的路；同樣，眼光不能死盯一人的某一處，而要觀察一人的多處，或者是幾人的共同處。這才叫看問題的高手！

是非皆因多開口，煩惱總為強出頭

好經大事，變更易常，以掛功名，謂之叨；
專知擅事，侵人自用，謂之貪。

人不必對一切都望而生畏，裹足不前；然而，大潮來時，大風起處，必須三思而後行。為了虛榮，平常人丟一點面子，受一點小羞辱，無傷元氣，尚須痛惜。豪傑英雄，不諳世情，草率行事，往鋒頭上碰，未免遺憾終生。

莊子說：喜歡管理國家大事，隨意變更常規常態，用以釣取功名，稱作貪得無厭；自恃聰明專行獨斷，侵害他人剛愎自用，稱作利慾薰心。

《增廣賢文》道：「害人之心不可有，防人之心不可無」，這裡將首句改動二字，就成為「說人之口不可有」。何謂「說人之口」，就是指喜歡在背後議論人，尤其是在外人面前提起相互熟悉的朋友時，總要帶上一些貶抑之詞，不這樣似乎顯不出自己的高人一籌。

「說人」自然與「害人」完全不同。因為有的是習慣成自然，出口好說人，並非有意要傷人或暗藏害人之心；有的甚至是好心說壞話，好像用難聽的話語才能最確切地表達自己的愛心一樣，又恰如很多人用國罵作為每句話的開頭語或口頭禪。

說者雖無意，聽者卻有心。試想想，如果你與朋友見面聊天，對方在你面前不斷地貶低指責其他人，或說別人的壞話，尤其是指名道姓地涉及相互熟悉的第三方人士，或者你不熟悉而卻是「說人」者自己的好朋友，你的心裡難免會冒出這樣的問題：他會在你的面前如此說自己的朋友，難道他不會在別人面前也這樣說我嗎？

其實，好說別人，隨意貶低自己的朋友，是無形中也在貶低自己，因為被「說」的人是你的朋友，既然你的朋友如此，那你自己又能是什麼樣的呢？

常言道：誰人背後不說人，這種壞習慣已經被人視為尋常事，說明惡習已經成為人性深處難以規避的劣根性。愈是如此，作為現代人愈要多加注意，時時提醒自己是否無意中染上此惡習。

人們總想表現自己，使人家知道自己、看重自己。成績差的小學生，被老師叫去拿一把掃帚，搬一個板凳，便高興得活蹦亂跳，榮耀得眉飛色舞；在碼頭上做了幾十年的碼頭工，某日壯著膽子與一位副科長握了一次手，便覺得光彩得不得了，似乎一輩子也算露了一回臉，見了大人物。

這類表現不算什麼，也絕算不了露臉。如果人們有智慧、有才能和有熱情，想出人頭地，想在萬萬千千之中露露臉、風光風光，那可就要千萬注意時機，不要忘了自己的平安。

俗話中勸人慎重表現自己的話語意味深長——

出頭椽子先爛。

木秀於林，風必摧之。

槍打出頭鳥。

是非由於多開口，煩惱總為強出頭。

說的都是出頭兒、冒尖者的危險。無論人才優秀、無論衝動冒失露頭角、無論幼稚單純輕率入世、無論被動地被推到台面上，都可能有喪失生存安全的結局。

所以，人不必對一切都望而生畏，裹足不前；然而，大潮來時，大風起處，必須三思而後行。為了虛榮，平常人丟一點面子，受一點小羞辱，無傷元氣；豪傑英雄，不諳世情，草率行事，往鋒頭上碰，未免遺憾終生。

吳王箭射靈猴，或者正說明了這種盲目者的命運。

吳王乘船在長江中遊玩，登上獼猴山。原來聚在一起戲耍的獼猴，看到吳王前呼後擁地來了，立即一哄而散，躲到深林與荊棘叢中去了。

但有一隻獼猴，想在吳王面前賣弄靈巧，它在地上得意地旋轉，旋轉夠了，又縱身到樹上，攀援騰盪。吳王看這獼猴如此逞能，很是不舒服，就彎弓搭箭射牠，那獼猴從容地撥開射來的利箭，又敏捷地把箭接住。吳王臉都氣紅了，命令左右一齊動手，箭如風捲，獼猴無可脫逃，立即被射死了。

吳王回頭對他的友人說，這靈猴誇耀自己的聰明，倚仗自己的敏捷傲視本王，以至丟了性命。要引此為戒呀！可不要用你們的意態聲色驕人傲世啊！

吳王的朋友深為震動，回去立即拜賢人為師，努力克服意氣神態上的缺點，生活儉樸，人們稱讚他。過了三年，國人都稱讚他。

但吳王如此心胸又如何？問題從來是由此及彼的，存在沒有絕對。

前人的經驗告訴人們：風一吹過，河水就會有所損耗；太陽一照射，河水又會減少。反轉來，風和太陽一起不停地吹曬河水，而河水卻絲毫沒有減少。

為什麼呢？

為有源頭活水來！

所以，天地之間，萬事萬物要想平安地存在下去，必有自己確定不移的條件。

水流要靠土地、山丘四周圍繞，它才能彙集在一起，成為水池、成為大湖、成為大海。

影子要依附於一件實物，也還要有光線才能存在。實物不存，陽光不照，影子也就沒了。

這就是此物必須依附彼物才能存在的道理。

一個人的生存、發展，也必須依賴特定的條件，這種條件轉變了、消失了，個人也必須轉變自己生活的方式，尋找新的生存條件。如果條件變了，過去生存、發展的條件不復存在，個人仍固步自封，那危險就來了。

范蠡與文種這兩個人的結局就是這一道理正反兩方面的例子。吳王夫差大舉攻越，越王國破，越王勾踐都城被佔，只可憐帶著三千戰士退守在會稽山上。吳國大軍席捲，勾踐螳臂擋車，滅頂之災就在眼前。這時只有大臣文種能救勾踐，他出使吳軍，利用關係，讓吳王答應保全勾踐的性命與越國百姓的安全。後來，文種又同范蠡幫助勾踐領兵消滅吳國，使吳王夫差自殺。

可是越王勾踐是一個只能與人共患難、不能與人共富貴的人，他功業成就必定要殺死功臣。範蠡看準了這一點，深知原來生存、發展的條件，隨著越王勾踐的大功告成已變成死期不遠的條件，於是他領著美女西施，坐著小木船悄悄地走了。臨行他給文種留下一封信。他說：「飛鳥盡，良弓藏；狡兔死，走狗烹；敵國破，謀臣亡。越王長頸鳥喙，不可與共安樂。子何不去？」

然而，文種還是不走，只是向越王請病假，不再上朝問政事。以為我不管事還不讓我平安？但很快有人陷害文種，說他想造反，越王立即命令他自殺。這時，文種後悔不聽范蠡的勸告已經來不及了。

能做一番大事業，卻最後不能保全自身。一生有說不盡的英雄，臨死也有說不出的遺憾！

還不少人信奉簡單的真實，理論根據是「身正不怕影子斜」，要「本色做人」。

什麼叫做「本色做人」呢？就是「我是這樣一個人，我就這樣活著，讓大家看到的我，就是真實的我。」在大多數情況下，這是一種美德。

但是，因為人是一種社會動物，任何行為產生的社會效果，不僅在於你怎麼樣，而在於你給人造成怎樣一種印象，以及此一印象是否與他人的利益、心理等衝突。你不能只考慮自己的「本色」，還必須考慮你這顯示本色的行為在別人那裡會有什麼樣的反應。假如你片面理解「本色做人」，就可能給生活惹來的麻煩，小則招忌失友，大則招來殺身之禍。

如西漢大臣楊惲，廉潔奉法，大公無私。後來，因被人誣陷而被削官為民。楊惲回家便大肆置辦產業，用治理財產來消磨時光。他的朋友給他寫信說：「大臣被罷免，應當關起門來表示心懷惶恐，做出可憐的樣子，不應當置辦產業，和賓客來往，在社會上獲得聲譽。否則，你又會惹禍。」他很不服氣，照做不改。他沒料到，又有人給皇帝上書告發，說他生活奢侈，毫無悔過之意。最近天上出現日食這種災難景象，也是這個人造成的。於是，皇帝又下令以大逆不道之罪將他腰斬。

楊惲是個十足的好人，他自信「身正不怕影子斜」，可是卻引來這樣的結局。為什麼這樣呢？

社會心理學有一個概念叫做「傳忌」，即傳播的忌諱。「傳忌」關心的正是所謂「影子」——即你的行為在別人那裡造成的印象。假如你片面理解「本色做人」，不顧及自己的做法在別人那裡造成的印象，小則招忌失友，大則招來殺身之禍。

失此可得彼

形固可使如槁木，而心固可使如死灰乎？

得失之間，自有論道。如果僅為得而怕失，那麼你將會顆粒無收。世上的事，只要去做，就會有得失，即使失去，也是一種更大的得到。

凡是你認為自己是個死人了，是好的。好在哪裡？好在對別人沒有傷害了。人一動就錯，一思考就錯，一行走就迷失，認識到這一點你會惶恐，好，惶恐好，人不惶恐不知道好歹，人不絕望不知道去路。死過一回的人特別能打拚。

莊子說：「近死之心，莫使復陽。」

莊子這話是說：要死的人不要讓他再活過來。什麼意思？

是不是太殘忍了？

原來這話的真正意思不是上面所說的字面意思，而是說：要尊重將死之人，不要干擾他的死亡，不要用強行手段「拯救」他。

這種「拯救」往往是不人道的、致死的。死亡並不可怕，它是一種自然過程，雖然不必讚美，但應該尊重。人類社會搞得亂七八糟，很多力量讓人求生不得，求死不能。各種力量打著「拯救」的旗號到處招搖撞騙，嚴重地傷害了世人，莊子故有此說。

莊子還說：「人其盡死，而我獨存！」

當然說的也並不是要所有人都死，他一個人獨活，莊子是說要保持一種遺世獨立的姿態，這種姿態是一種拒絕，但正因為是拒絕，所以有距離，從而不會對人產生傷害。自美自聖，又使人看見，能將世人引向善的一面，歸於大道。

《聖經》上耶穌說：「天國近了，你們應該悔改。」並說如不悔改就要下地獄。同樣地，耶穌這話的背後意思是勸人向善，並不是真要收拾人。耶穌偉力無邊，但只救人，從不殺人。他臨死還為劊子手祝福，確有博大仁愛。

由此見，做人做得好像枯木死灰一樣，是好的。

凡是你感到沒意思了，是好的。

凡是你感到絕望了，是好的。

凡是你感到無路可走了，是好的。

凡是你認為自己是個死人了，是好的。

做人好像枯木死灰一樣，你就知道反省了。內心不屈的意志強迫你為善，內心的渴望強迫你奮起，死過一回的人特別能打拚，因為他無畏，已能放開一切。因為他珍惜機會，不再浪費贖來的光陰。就這樣，枯木逢春，死灰復燃，你獲救了，救你的乃是自己，更是一種慈愛而公正的自然規律。

莊子說：「近死之心，莫使復陽。」意思就是說過去種種，該死的都讓它死吧。過去不死的話，今日就沒法活。因此痛定思痛，以一種枯木死灰的冷酷姿態笑看昨日的我死去，換求今日的新生。

《莊子》講了一個《枯木死灰》的故事：

南郭子綦靠著小桌子坐著，呼吸緩慢，離神去智，好像精神脫離了肉體。他的弟弟顏成子遊陪他在跟前，問道：「怎麼回事呀？誠然形體可以像乾枯的枝木，心靈難道也可以像熄滅的灰燼嗎？」

子綦說：「如今我已摒棄了偏執的我，你知道嗎？你也許聽說過人籟，但未聽過地籟，也許聽說過地籟，卻未聽說過天籟吧！」

子遊說：「請問何為三籟？」

子綦說：「竹簫吹出的謂之人籟，風吹萬種竅孔所發出的不同聲音謂之地籟和天籟。」

故事裡子綦已是枯木死灰，他期待「三籟」出現，從而實現自救。子綦與鯤一樣，正在「待風」，好化身飛走。

「籟」就是簫，指風聲，也就是風。天籟：天風。地籟：地風。人籟：人風。「人風」指人吹的風，指簫聲。莊子說「人籟則比竹是矣」。「比竹」就是排簫。

三籟我們已明白，它們分別代表三種風：天風、地風與人風。人風肯定是不頂用的，地風也不行，只有浩大的天風吹來，才能使鯤化為鵬，才能使所有形如枯木死灰的人得救。

莊子說：「泠風則小和，飄風則大和，厲風濟則眾竅為虛。」泠風即人風，飄風即地風，厲風即天風。天風來了，眾竅為虛。意思就是說萬事萬物都在天風的面前暴露出了它空空洞洞的內部結構，風來風往，無物可擋。手不能穿牆，聲音能穿牆。嘴巴啃不動石頭，水滴卻能穿石。風，就是這種聲音與水，它以一種偉力穿透一切事物，當然也穿透所有的枯木死灰，賦予它新的新生狀態。

枯木好燃，死灰飄得遠，它們離生最遠，離重生卻最近。

莊子說枯木死木好，意在指出枯木是最好燃的。同樣地，人只有把自己變成枯木，才能最好地燃燒起來。所謂枯木，就是指一種枯槁而精神內斂的自閉狀態。

從前面我們已知道，逍遙遊不是一般意義的獲得自由，而是重獲自由。因此枯木死灰是最能重獲自由的。它以近死的姿態而不死，以遺世獨立的姿態不傷害任何人，它以身體的朽換來心靈的全面復甦。聖人都是形如枯木死灰的，枯木死灰好。

當然，這只是形如枯木死灰，不是真正的枯木死灰，二者要嚴格分開，否則要誤導世人。真正的枯木死灰是將死的不祥徵兆，有什麼好？我們尊重死，但更珍惜生。惜生者必得全生。

《莊子》上講了一個《朝三暮四》的寓言故事：

養猴的人餵猴子吃飯時說：「早上給你們吃三升，晚上給你們吃四升。」

猴子們非常生氣。

養猴的人便說：「那麼早上給你們四升，晚上給你們三升。」

這群猴子聽了都很高興。

這個故事並非意在指出猴子愚蠢，被人愚弄。而意在指出：顛倒來看事情，往往效果不一樣。就拿「枯木死灰」的問題來看，我們是先生後死呢？還是先死後生？當然先死後生好。我說的「枯木死灰好」，意思等同於「哀兵必勝」、「置之死地而後生」。在此基礎上，還多了一層更精妙的意思，什麼意思呢？

《莊子》又特意為我們講了一故事：

麗姬是艾地封疆守土之人的女兒，貌美如花，晉國征伐麗戎時俘獲了麗姬。麗姬因被俘而悲痛欲絕，淚水浸透了衣襟。後來她進了晉國的王宮，跟晉王睡覺，與晉王一同享受山珍海味，晉國的富庶超過艾地，麗姬這才後悔當初不該哭泣。

其妙義即為：順生者必得全生。要想人生美滿，就要順其自然，如此而已，而已。

所有的傷害都會把你轉移到更好的地方去，絕處必逢生，任何困難挺一挺就過去了。莊子指出：枯木死灰是一種度過難關、戰勝痛苦的必不可少的心態。人如果不曾體會過枯木死灰的心情，人就不能重新為人。要絕望就絕望到底，這樣才會另尋出路。

死與生

一　死是生的老師

死對生說：「你會了嗎？」

生說：「我會了。你教我的學問很好。」

死說：「說說看！」

生說：「你教我明白你為大，因此我畏死，我珍惜光陰，我奮鬥，我成功。」

二　死是生的朋友

死對生說：「走，我們一起玩玩去。」

生說：「我還沒準備好呢。」

死說：「沒關係，你想要的我那裡都有：衣服、伴侶、名譽、快樂。」

生說：「我還是不要吧！我沒你那麼富有，我現在還不能玩。朋友，離我遠點！」

三　死是生的兄弟

死對生說：「弟弟！」

生說：「誰喊我？」

死說：「我在這裡。」

生說：「什麼事？」
死說：「我們找媽媽去吧。」
生說：「她在哪裡？」
死說：「她在天上。」
於是兄弟倆手拉手一起消失。

最大的智巧就好像是笨拙一樣

大巧若拙

如果人們任其與外物互相戕害、互相折磨，任其如脫韁的野馬一樣走向生命的盡頭，而沒有辦法制止下來，這樣，生命不是太可悲了嗎？

硬要弄清這種大聰明與小聰明的形成，仔細推究起來，實在也只能歸之於造物主之所為。當然，這也只是推想，而一方面人們關於本身的探究永遠沒有窮盡和停止。關於形成人的種種情態的原因的探求，雖然找不出確實正確的，又看得見、摸得著的原因，但這種探求的行為對事實到底無所影響與損害。

不過有一點卻很明確：生命來到世界上，有了形體，就不應參與人世上勾心鬥角、互相傾軋的爭鬥，並在這種爭鬥與傾軋中完結自己一生。如果人們任其與外物互相戕害、互相折磨，任其如脫韁的野馬一樣走向生命的盡頭，而沒有辦法制止下來，這樣，生命不是太可悲了嗎？

人生，終身勞苦奔波，卻看不見他有什麼成功；一輩子疲憊困頓，卻不知道自己的歸宿，這還不悲哀嗎？人們說：小人不會因為心眼壞而早死的，但這又有什麼益處。形體逐步衰弱老化，心也一樣，人生的不幸便在其中。明白這一點，大智慧、大聰明之人猶如天生的白癡，那小聰明、小智慧才真是一口永遠照不亮的大黑洞。如此大智慧、大聰明不過是如人們常說的大智若愚、大巧若拙！

就說為人做事吧。

每個人都要按一己的成見去辦事，並且以這種成見為師，那麼，哪一個人又沒有這種老師呢？如果已有既定的成見，是非早已規定，那麼，論人論事就像出遠門一樣，今天才動身，而昨天已到達目的地了。

這樣就是：無成了有，成見代替了現實。但這種道理誰能承認呢？所以，大聰明之人必順乎自然之情勢，內心虛靜，排除慾念與是非成見，無為中便有人生更有作為的積極成效。

天性藏於內心，人事現於外表，而道德體現天性。

日常生活中，人們總愛說難得糊塗，實際上這說的是一種大智若愚的糊塗。然而，真正困難的是：難得聰明。真正的聰明，看得穿，想得透，無所不知，識見自然與眾不同。所以，對小聰明而言，大聰明才是真正的糊塗。不過，到了小聰明之人某日突然醒悟，達到大聰明境界，自然會感慨：難得糊塗。其實是難得聰明。

俗話也說：滿碗不盪淺碗盪。

又說：半桶水兒盪得很。

說的都是那種聰明不多、本事不大，卻自以為了不起的人。何以至此，眼界限制了自己。若眼界擴大了，便不會如此。正像水一樣，滿滿一桶水，沉甸甸的，便很平靜。半桶水，盪起來發現四周都是桶壁，「我好偉大呀！」便愈盪愈厲害。自己限制自己，便是如此。

孔夫子說了這樣一句話：登東山而小魯，登泰山而小天下。腳下地勢不同，眼界便不同，眼中所見與個人胸懷便不同。就個人表現而言，瞭解局部情況，個人有一技之長，便沾沾自喜，自以為了不起。如若知道天下的事情，人間的大道理，便會明白：強中自有強中手，山外還有高山在。於是，無須鄙薄自己、小看個人，但個人真正是個明白人，永遠也不要洋洋自得。因為那表現的實在是不明事情的道理。

井裡青蛙與海鱉的故事說的就是這個道理。

井蛙對海鱉說：「我可快活啦，出了井，就在井台上蹦蹦跳跳；回到井裡，就在井壁的洞洞裡休息休息；我想到水裡玩玩，便頭往後一仰，就躺在水面上了，水便立即托著我的腋下和腮幫。回過頭來，再看看孑孓、螃蟹和蝌蚪。那就沒有誰能像我這樣了。我獨佔著這一塊天地，據有了井中的全部快樂，活在世上，這種愜意也算到了頂了。先生何不進去看看，分享一點我的快樂呢？」

海鱉將信將疑，便試探著把一隻左腳往井裡伸，還沒有伸進去，右腿膝蓋便被絆住了。海鱉又疑疑乎乎地把腳從井裡抽回，並把自己生活的地方，即東海的情況告訴給井蛙：

「東海呀，千里之遙不能形容它的寬遠，千丈不足以量盡它的深厚。夏禹為王時，十年澇了九年，海水沒有因此增多；商湯為王時，八年旱了七年，海水也沒有因之減少。時間再長它也是那個樣子，也不因為乾旱或洪澇、潮漲潮落便發生變動。這就是大海的快樂。」青蛙聽海鱉講完，便大驚失色，深深地為自己不知世上還有大海而慚愧。

他對事物的道理，無論古今都要求證，因而事情雖然遙遠，也並不感到厭煩；雖然俯身即可拿到，也並不存在什麼非分的指望。

他瞭解事物盈虧的道理，縱然有所得，也並不感到高興；即使有所失，也並不感到憂愁，因為得失常發生在偶然中。

從生到死，是人生的一條正常道路，生是樂事，死亦是樂事——生命的過程與歸宿就是這樣；事物的始與終永遠不是靜止不變的。總體地看，一個人所知道的事物，遠沒有他不知道的事物那麼多。這樣說來，天地不能斷定是最大的，粉末也不能認為是最小的。

做什麼事情都有技巧，整個世界都充滿藝術。

這話是絕對真理。

不信？做工，有技術；運動器械，有技術；與人打交道也有技術……。換一種說法，做工的，做成一件器物，精美可人，就是一件藝術品；與人打交道，內方外圓，弄得大家都滿意，這就是交際藝術，或者叫處世藝術。

正因為世上的事情到處都是技巧，所在都是藝術；所以，人們總是努力提高自己的修養，使自己做工，能工藝精巧；處事，能把事情辦得周全圓泛。當然，也因此，有人做事過於求工巧，處世太工於心計，不是弄巧成拙，就是弄得人情很假。

須知，巧到盡頭還是要回到樸實上來的。看看工匠們的雕琢就知道了。

衛國大夫北宮奢替衛靈公指揮建造編鐘，只三個月時間就完成了上下兩層鐘架，做得又好又快。周大夫慶忌見到鐘架很吃驚，便問：「你募捐來建編鐘，來錢就不容易，還要自己動手製作編鐘架子，別人半年方可做到你這個樣子，而你卻能事半功倍，究竟採取了什麼法術喲？」

北宮奢便說，任其自然罷了，也不敢施用什麼法術。他告訴慶忌一番話：

您沒聽說：「既雕既琢，復歸於樸。（雕琢的東西，還是要反璞歸真的）整個募捐籌款過程，我只是懵懵懂懂，一無所曉。來的人熙熙攘攘、紛紛擾擾，我對他們就像對草木一樣，如癡如呆地送往迎來。來的人，捐多捐少，我絕不勉強，去的人，任其方便，概不挽留，個性強不願捐錢的，任他們去；曲意順從的，讓他們自己決定，我也不慫恿、褒獎他們。其實，我當然知道怎麼彈壓強梁之徒，也有表揚順從者的方式與言語，但我絕對不這樣做。因為，如果這樣做，將有害無益。完全任人自覺自願，盡力而為。所以，在募捐這事兒上，我雖早晚泡在其中，老百姓卻毫不受損害。

「至於鐘架做得精美，我也是讓工匠們隨意而為，沒什麼要求，也沒什麼束縛，大夥兒就這麼弄出來了。要說法術，這就是沒法術的法術，簡直不值得您來動問。我這個沒什麼知識的人尚知如此，那道德學問高深的人根本就不把這當什麼了。」

慶忌慨嘆：巧拙之法，原來如此。

要知道人外有人、天外有天

吾在於天地之間，猶小石小木之在大山也。

比自己強的人，謙虛地和他相處；比自己差的人，也謙虛地和他相處；把功利放在一邊，把評價放在一邊。何況功利與評價並不是一成不變的呢！

秋天裡山洪按照時令洶湧而至，眾多大川的水流匯入黃河，河面寬闊波濤洶湧，兩岸和水中沙洲之間連牛馬都不能分辨。於是河神欣然自喜，認為天下一切美好的東西全都聚集在自己這裡。河神順著水流向東而去，來到北海邊，面朝東邊一望，看不見大海的盡頭。於是河神方才改變先前洋洋自得的面孔，面對著海神仰首慨嘆道：「俗語有這樣的說法，『聽到了上百條道理，便認為天下再沒有誰能比得上自己』的，說的就是我這樣的人了。」

正是「人外有人，天外有天」。

有的人的「自我感覺」特別良好，優越感極強，總感到自己要比他人強，要高明，處處、事事、時時都顯示出一副盛氣凌人的樣子，自以為是，對他人說起話來總有居高臨下一副老大的味道，平時的一言一行總會自覺或不自覺地流露出高人一等的樣子，不會平等待人……。而人呢？一般都有一個喜歡被他人尊重的特點，都不喜歡被他人歧視、瞧不起，因而對這種高傲無理的人，採取敬而遠之的心態，躲得遠遠的，在這種情況下一般是處理不好人際關係的。

強中自有強中手，山外青山樓外樓。

而高傲的人，完全按自己的主意行事，與人相交合則留，不合則去；比自己強的人不接近，比自己差的人不遷就。自己的心靈也很寂寞，也感到壓抑。哪裡趕得上抱著一種自然的態度與人相處。比自己強的人，謙虛地和他相處；比自己差的人，也謙虛地和他相處；把功利放在一邊，把評價放在一邊。何況功利與評價並不是一成不變的呢！

謙虛自然地與人相處，別人舒服，自己也舒服，該多好！

謙虛不是抬高了別人，也不是踩低了自己。謙虛恰恰是一種能容忍他人的能力。謙虛正是一種成功者的胸懷。

陽子居往南方的徐州去，恰巧碰到老子向西去秦國的某地方。郊外相逢，陽子居自以為有學問，態度傲慢，老子便為陽子居深為惋惜，當面批評陽子居：「以前我還認為你是個可以成大器的人，現在看來不可教誨啦。」

陽子居聽了老子的話心裡很不舒服，後悔自己當時為什麼那樣。老子也很失望。

回到旅店後，陽子居覺得自己應當作得自然一些，起碼要敬重長者，敬重有道德學問的老先生，便主動給老子拿梳洗的工具，脫下鞋子放在門外，然後膝行到老子面前，謙虛地說：

「學生剛才想請教老師，老師要行路沒有空閒，因此不便說話。現在老師有空了，請您指教我的過失。」

老子說：「想想看，你態度那麼傲慢，表情那樣莊嚴，一舉一動又如此矜持造作，眼睛裡什麼都沒有，這樣，將來誰和你相處呢？人，沒有他人圍繞著你，行嗎？應該懂得：最潔白的東西好像總有些污穢的感覺，德行高尚的人總認為自己差得還遠，學問雖深切地瞭解了，但在許多方面還是不行的。知道自己不行，才知道自己真正行的地方；眼睛裡只看到自己行，實際上，你哪個地方都不明白。」

陽子居先是吃驚，漸漸地臉上浮現慚愧的神色，謙虛地說：「老師的教導使我明白了真正的道理。」

開始，陽子居在去徐州的路上，旅舍客人恭敬地迎送他。他住店時，男老闆為他擺座位，女老闆為他送手巾，大家也給他讓座。雖然恭敬，但彼此都不舒服。接受老子教誨後，陽子居態度隨和，為人謙遜，歸途住店，客人都隨意地和他交談，他也感到和大家相處得很親切。

「人外有人，天外有天」，其字面意思是沒有什麼問題的。人外面自然應該有人，除非這世界上只有一個人。天外面應該還有天，除非天只有你看見的那一片。

「人外有人，天外有天」，其具體涵義基本上沒有什麼問題。它告訴我們，當我們認為自己在哪方面很出色、很優秀，我們不要驕傲、不要自滿。因為這個世界很大，人非常多，很可能有人比我們在這方面更出色、更優秀。說「基本上」沒有什麼問題，是因為這話並不是絕對的，不是百分之百普適的。

「人外有人，天外有天」，其正面意義自然不在話下。但要以為「人外有人，天外有天」，只有其正面意義，那就錯得不小了。這是因為「人外有人，天外有天」的負面效果同樣不小。

一個人，無論做什麼，要想做得順利做得好，自信是必不可少的要素之一。誠然，或許在每個具體的方面，都存在人外的人、天外的天。人外的人、天外的天，或許使我們與之相比，相對不足，但這相對的比較並不能使我們本身的絕對能力削弱。在不知道人外的人、天外的天時，我們能把一些事情做好，在知道有人外的人、天外的天時，我們仍然能把這些事情做好。如果因為知道了人外的人、天外的天，不是激勵我們繼續努力，而是讓我們自信受挫，反而做不好能做好的事，那豈不是得不償失？有句話「人不能同人比」，其意思是說，人各有優勢，無法相比，不具可比性。另一個人或許在某方面比你強，但他未必能做好一個具體的你要做的事。這不僅是因為你有你本身的某些能力上的優勢，更是因為在很多情況下，你更瞭解你要做的事。

我們當然知道「人外有人，天外有天」，我們不想自大，但我們也不想失去自信。我們在認真做我們的事情，從某種角度上看，焉知我們不是人外的人、天外的天？

只做可以看到的事

得其環中，以應無窮。

有些人總愛做超出自己能力好幾倍的事情，結果是氣喘吁吁，還渾身疲軟。做自己最有把握的事，就是做自己最能看見目標的事。

無限是沒有意義的，有限才有意義。我們只能在短暫中活出永恆，而不能在永恆中活出永恆。因為一切的認知都需要一個點。一個成形的鏡子才能照物。

人的一切都是有限的，心愈大愈失落，當然應該知足，做有限的事才能成功，做有限的事才能做好，這樣才能以一顆有限的心享受無限。

《莊子》那句名言：

「吾生也有涯，而知也無涯，以有涯隨無涯，殆矣。」

莊子在此講得很清楚，不能用有涯追隨無涯，那樣會累死而什麼也得不到，就像夸父追日。

反之，我們不用有涯隨無涯，而是用有涯隨有涯，那麼就可以實現夢想。

嬰兒天性好奇，見什麼都要，結果只能要到有限的一點。幸好嬰兒不懂得什麼是失望，不會難過。我們連嬰兒都不如，每天都被各種慾望搞得很煩，完全沒有必要。不如鎮定自如，努力做好有限的事，自然有好的結果。

「禪師」教導大鯊魚等人打球要穩，一分一分爭，不要一開場就想「我贏了」。「禪師」的這種風格很對我的胃口，我們為人如打比賽，應當作有限制的拚搏，才能收穫無限多的成功。

相當巧，在看NBA之前我還看一場中日足球比賽，中國隊〇比二大敗。不是中國隊員弱，而是章法太亂，眼高手低，以「有涯隨無涯」，當然會輸。

《莊子》上講了一個《影子的寓言》：

影子之外的微光問影子：「從前你行走，現在又停下，從前你坐下，現在又站起，你怎麼沒有獨立和恆定的操守呢？」

影子回答說：「我是有所依靠才這樣，我所依靠的東西也是有所依靠才這樣，我怎麼知道為什麼會這樣？我又怎麼知道為什麼不會這樣？」

影子的回答很妙，它是說我必須依靠有限的東西（它的身體）才有生命，如果我脫離身體固然自由了，但也消滅了。至於為什麼會這樣，這個問題是沒有意義的。既然已經這樣，那麼我就滿足於這樣。

「白茫茫一片大地真乾淨」，一切都將消失，沒有什麼會留下。既然人生如夢，為什麼不做得熱鬧一些、真實一些？

同樣的，人生多遺憾，正所謂「不如憐取眼前人」。自己是最寶貴的，其外一切如浮雲。這個世界是看似有序、實則無序的世界，如果硬要給出一個中心點，那麼就是我們自己。

莊子說：「得其環中，以應無窮。」

就是說當以自我為中心，這樣才能應付無窮無盡的事。如果一個人偉大得不得了，把自己交出去，很快就會迷失在各種力量的爭奪中，直至消失。

所謂「環中」，就是連環的中心，世界就像一個連環套，無窮無盡的變幻讓人眼花撩亂，但變來變去有什麼用呢？實在毫無意義。連嬰兒都知道看電視看累了就把頭扭開，我們成年人看電視卻老是期待更好的節目，結果把自己搞得很累，成了電視的奴隸。

明心見性，我本有限。

而正因為有限，我們才知足，才能去享受，從而在有限裡品味無限，我們只能在短暫中活出永恆，而不能在永恆中活出永恆，因為一切的認知都需要一點，一個凝固成形的鏡子才能照出無窮無盡的精彩畫面。

人生三有：

人生有限

人活一生，壽有限，事也有限。哭有限，笑也有限。有限使人有底，有限使人盡歡。兩個人喝有限的一瓶酒，眼睛有底，口中有味，心中有數，因此喝得有滋有味。如果強行喝一百瓶，就會連一瓶都喝不了就嚇癱了。因為太多是令人恐怖的，無限只會造成混亂。

人生有悔

青年人悔少年時，中年人悔青年時，老年人悔一生。有悔好！有悔則近道矣。有悔就知道自己一生太虛妄，知道虛妄總比什麼也不知道好。「無悔」的人是自欺欺人，誰沒做過錯事？人不知悔改，就會一錯到底，不可救藥矣。世上沒有後悔藥，但有後悔人。後悔人以自己為藥，於是包治百病，精神抖擻，不再後悔。

人生有愛

愛是件划算的事，可以以少換多，以無換有。從前有個小夥子愛一個姑娘，他家本貧窮，為了追求此女傾家蕩產，成功了，大快。姑娘的陪嫁極豐，小夥子一下子暴富，美死了。這樣的事當然不多，但愛確實是一件只賺不賠的事，你付出一點，就會收穫極多，主要是會獲取一種為人的美好感覺。有人的愛賠了，是因為下注不對。賠了也好，長見識，可供老時回憶起來自嘲一番，津津有味。

好好享受最難得的夢

天地與我並生，萬物與我為一。

學會享受，一般人都能做到，但有高低之分。大享受是進入心靈的通暢；小享受是坐在一個角落點小錢的滿足感。

我們完全有能力做夢的主人，控制這個體內的魔鬼有限發作，甚至不發作，從此做一個真實的人。方法就是如《心經》所言：「心無罣礙，故遠離一切顛倒夢想。」莊子夢蝴蝶，只夢一次就把它放飛走遠，永不再回。

莊子說「至人無夢」，意思是至高無上的真人是不做夢的。莊子這麼說顯然是把夢當作一種不好的東西來看。有夢則不得為聖人，聖人就應該無夢。看來夢確實不是好東西，因為它妨礙人過真實的生活。

既然夢不是好東西，為什麼還要做？這是因為做不做夢由不得人。

夢是霸道的，它想來就來，根本就不需要誰的同意。就這樣，我們的大腦變成了夢的跑馬場，經常被踐踏得一片狼籍，更可怕的是，夢走時還對我們做出種種顯示，等於在說：「我還要來！」真是讓人不寒而慄。

夢把人淘空，這是其一。夢把人佔據，這是其二。夢把人廢掉，這是其三。

夢有以上三害，堪稱人類第一天敵，一般的人已經知道做夢傷身體、再警覺一點的人則清楚知道只要你混淆了夢境與現實，就會永遠生活在迷茫、困惑中。

莊子本人就做過一個夢，這就是著名的「莊子夢蝶」。

莊子夢見自己變成了蝴蝶，翩翩然翻飛的一隻蝴蝶，四處遨遊悠閒自在，根本不知道自己就是莊子，突然覺醒，發現自己分明就是莊子，不知是莊子做夢變成了蝴蝶，還是蝴蝶做夢變成了莊子。

莊子通過自身的體驗意在指出：夢境與現實容易混淆，稍有不慎就會搞錯，你以為你活著嗎？不，你在做夢。做夢不能叫活著，只能叫假活。

人的生命有三種基本形態：

一、正常活著。

二、假性活著、隱性活著，即做夢。

三、枯木死灰。

到目前為止，我還沒有看到一個正常活著的人，人們不是在做夢，就是枯木死灰。這樣肯定不對頭。

莊子夢見自己變成蝴蝶，這個夢恐怕有隱喻，恐怕是一個春夢。蝴蝶者，採花之物也。原來莊子也和所有的男人一樣，做夢採花去了，醒來空自傷感，恨不得那不是夢。但即使那不是夢，又有多大意義呢？莊子也知道那沒多大意義，所以自嘲了一番，捨夢而前行。

曹雪芹是個典型案例，他是一個被夢魘統治而自甘墮落的人。杜牧還知道「十年一覺揚州夢」，曹雪芹卻沒有「十年一覺紅樓夢」，最後不得不抱著一部殘稿，做著一個殘夢死去。

我的意思是即使我們無法不做夢，也要像莊子與杜牧一樣灑脫，毅然拋棄一切的美夢，不要像曹雪芹一樣自我陶醉至死。

李商隱寫了一首著名的《錦瑟》：

錦瑟無端五十弦，一弦一柱思華年。
莊生曉夢迷蝴蝶，望帝春心托杜鵑。
滄海月明珠有淚，藍田日暖玉生煙。
此情可待成追憶，只是當時已惘然。

詩太長了，其他幾句我們不要管，只需要看它的第三句就可以了，「莊生曉夢迷蝴蝶」，講的就是莊子的事。李商隱用了一個「迷」字，還算準確。但莊子畢竟是高人，只迷了一下，沒有永遠迷失，很快就覺醒。

李商隱最後寫道「只是當時已惘然」，指出不但做夢是惘然，就連當時的實境也是惘然的，還算懂莊子。

孔明也有兩句詩寫道：大夢誰先覺，平生我自知。

孔明認識到我們做的不是小夢，而是一個春秋大夢。夢是一個龐大無比的系統，比天空還空，比大海還大，吃人不吐骨頭，非常貪婪兇惡。先覺者先獲救，後覺者後獲救，不覺者無疑死定了。

孔明說「平生我自知」，很好，他清楚自己是誰，用「我」來抗衡「夢」，因此不畏一切夢。說到底，夢雖然厲害，也要依附於人。人為主而噩夢為客，絕非夢為主而人為客。李後主如此寫道：

夢裡不知身是客，一晌貪歡。

他完全搞錯了，怎麼會「身是客」呢？可見李後主完全迷失了自己，難怪會亡國亡家亡身。

我們完全有能力做夢的主人，控制這個體內的魔鬼有限發作，甚至可以讓它永遠不發作，從此做一個真實的人。我有個可行性方案供大家參考，那就是依照《心經》所言：

「心無罣礙，故遠離一切顛倒夢想。」

不錯，只要我們「心無罣礙」，隨時「放下執著」，就可以遠離夢魔。

這樣，我們就與天地萬物合而為一，做一個真正的人、純粹的人。正如莊子所說：

天地與我並生，萬物與我為一。

我就是整個宇宙，我生我死，都在我裡面，又有什麼可擔心的？

適切的話語更能打動人心

勸人不必語高深

知道人口服常常靠不住，心服要慢慢來；所以，與人交，有理不在聲高，事實勝於雄辯，娓娓道來勝過言詞激烈、咄咄逼人。而有些事理，說不如不說好，乾脆任其火燒牛皮自轉彎。

人人都會說話。話兒要說得活泛、管用，多難！

魏王的大臣女商帶徐無鬼去見魏王，魏王便神氣地說：「先生一定是山野的生活太苦太累了吧，所以希望得到我的接見。」

徐無鬼覺得魏王無知可笑，他說，「正相反，我正是來慰問大王的。您有什麼慰問我的呢？您想滿足慾望、嗜好，那身心就要受到損害；您要是抑制好惡、停止嗜慾，感官又會痛苦。所以我來慰問您。」

魏王被說到疼處，說不出話來。

看到氣氛有點緊張，徐無鬼立即換個話題，說他會相狗，但相馬的水準又比相狗的水準高得多。一聽說徐無鬼會相馬，魏王就叫他細細地說說。徐無鬼就說，中原的好馬，身上平直的地方就像木板，彎曲的地方像秤鉤，方正的部位像櫃子角，滾圓的部位就像圓球。但中原的好馬又趕不上天下的好馬。天下的好馬，有天生的好身材、好體格，跑起來像飛一樣，從來不知道勞累，好像根本不知道需要休息。

聽徐無鬼吹這一陣牛皮，魏王喜得哈哈大笑，親切之感，油然而生。

徐無鬼同魏王談完話出去，女商就問：

「先生用什麼高深的道理勸說我們的君主呢？我勸說他，談禮義，我就用《詩》《書》《樂》《禮》上的道理去引導他；談權謀變化之術，我就用太公兵法《金版》《六韜》上的道理去說服他。這些書上寫的奉事君主而且效果極好的話語多得不得了，可是我們大王就是不聽。先生可以談談您的辦法嗎？」

徐無鬼說，「我就只告訴他我會給狗和馬看相。」

女商不信，「就這樣簡單麼？」

徐無鬼說，就這樣簡單。你沒見那被流放到很遠地方的人，他們離鄉才幾天，碰到了自己熟識的人，就高興不過。離開故土十天半月的人，在外見著了在家鄉見過面的人就很高興。到離別故鄉常年累月的時候，只要是碰到故鄉人就很高興。這就是離開故鄉親友愈久，故舊之情就愈濃的人之常情。

再說那流竄到荒無人煙的山谷與原野上的人，往來小路上只有野兔與山雞與他作伴，時間長了，他能聽到人的腳步聲，就會驚喜異常，更何況能聽到看到他的兄弟師友，乃至在他面前談笑風生呢？

身為王侯，權勢嚇人，規矩繁多，時間久了，誰敢在他面前說說笑笑呢！真的才可貴。抹去虛飾的東西，人的心情總是相通的。

勸人不必語高深，還要知道心服勝口服。

一發出聲音，就有音樂的旋律，一開口說話就句句是真理，一舉手一投足，就成為世人的規範，可能嗎？

動不動就把厲害是非擺到人的面前，然後評定是非好壞，人有那麼簡單嗎？

這樣，讓人唯唯諾諾，不過要人口服罷了。

假若領導一群人，帶領大夥兒辦成一件事，遇到麻煩時，採取心服的辦法，不違逆人情去強詞奪理，也不依仗權勢脅迫就範。有理，大家會逐漸接受，不對也會從容認識，不致造成巨大損失。

這就是，人們接受一種道理，轉變一種看法，總是自然而然的。人和社會上的事情也有自然而然的一面。強迫眾人口服，迫於強大壓力，嘴裡說是，心裡卻早已說了不是，腳下跟強迫者走十步，心裡早向相反的方向走了百步。到頭來還是要壞事的。

所以，凡是是非的事，人們信不信、服不服，都得慢慢來。對人有一個目標，對己也有一個要求，不妨有計劃，限定時間。然而，計畫是死的，人是活的；計畫把時間分成階段而切斷，人的生命卻像流水一樣延續，不能切斷。服與不服不能口說了算，只能看其為人。

老子打兒子，是因為兒子做錯事，要兒子服罰，兒子低頭認錯。不是兒子真的認錯，因為是父親逼迫，人倫關係的壓迫，或者是兒子打不贏老子，否則，他絕不低頭服罰。但總有一天兒子會覺得自己當初荒唐，兒子真的進步了、心服了。是哪一天進步、心服的，既不是按老子的計畫實現的，兒子自己也記不得、說不清。自然而然而已。

知道人口服常常靠不住，心服要慢慢來；所以，與人交，有理不在聲高，事實勝於雄辯，娓娓道來勝過言詞激烈、咄咄逼人。而有些事理，說不如不說好，乾脆任其火燒牛皮自轉彎。

做事最高指導原則——遊刃有餘

注焉而不滿，酌焉而不竭。

做事磕磕絆絆的人，不是因為他手腳笨拙，而是因為他缺乏過硬本領。若是你嫻熟做事之道，那麼就沒有什麼解絕不了的問題。此為「遊刃有餘」的現代注解。

「遊刃有餘」不是指巧，而是指大。如洪水氾濫，沖到哪裡都遊刃有餘。人們通常以為「遊刃有餘」是圓滑、是聰明，其實剛好相反，它是很大氣的，它重拙，所以有效，所謂「重劍無鋒」即此。庖丁解牛，「巧」的背後是一種大力在遊動。

《庖丁解牛》是《莊子》書裡的一個著名典故，故事是這樣的：

庖丁替文惠君宰牛，手所觸及的、肩所倚著的、足所踩到的、膝所抵住的，都發出音樂的響聲，進刀割解的嘩啦之聲也沒有不合於音節的，而且還符合桑林舞曲的節奏，也合於經首樂章的韻律。

文惠君讚嘆庖丁高妙的技術，並問：「你的技術怎能達到這般地步？」

庖丁說：「我開始宰牛時，把牠看作一條整牛，幾年後便不見整體的牛，只領會牠的生理結構，心領神會之後便遊刃有餘，牛還不知道怎麼回事時便已解體了。」

這就是「庖丁解牛」典故的由來，它意在指出：

高手處世，應該從「人無我有」的地方入手，要騎牆，不要碰壁，這樣才能左右逢源。

同樣地，如果是對敵，也要從對方的薄弱環節進攻，這樣才能將它逐一瓦解。

老子說：「以無有入於無間」（用沒有進入沒有的空間），也就是這個意思。

怎樣才能永遠遊刃有餘？莊子說：「注焉而不滿，酌焉而不竭」，這樣就可以永遠遊刃有餘。

「注焉而不滿」，指永遠注不滿；「酌焉而不竭」，就是永遠取用不完。

大海就是這樣的，既注不滿，又用不完。俗語講：「海水不可斗量」，也就是這個意思。

我們做人做到大海的境界，當然就可以遊刃有餘了。比如大海氾濫為洪水，洪水衝擊海岸，自然是遊刃有餘的，因為它力太大，所以一切阻礙在它面前都失去了效果。這才是真正的遊刃有餘。

庖丁解牛是很巧，但這巧的背後是一股大力在推著他的手遊動，否則必不能將大牛肢解。這一點我們必須看到，這是以前人們都忽略了的。

《莊子》講了一個《秦失弔喪》的故事：老子死了，秦失去弔喪，大哭三聲就出來了。

弟子問他：「他不是你的朋友嗎？」

秦失答：「是的。」

「那你怎麼可以這麼弔唁呢？」

秦失說：「有許多老年人哭他，如同哭自己的兒子；有許多兒童哭他，如同哭自己的父母，他們都是為情感所動而哭泣，都是違背自然規律。正該來時，老聃應時而生，正該去時，順理而死，要心順變化，哀傷和歡樂的情緒便不能侵入心中。」

這也是另一種遊刃有餘。

老子死了，秦失去弔喪，僅僅只哭三聲就出來，說明他心裡完全不悲痛，或者痛一會兒就算了，絕不像儒家一樣一定要哀哭三年。何必呢？絕不能讓死人控制活人。是好朋友就更應該如此，老子是秦失的好朋友，老子死了，秦失也傷感，但不傷痛。在他心中就只留下老子的美好印象。

莊子在老婆死了的時候也鼓盆而歌，這種灑脫是對死者的最大尊重。

遊刃有餘是一種心手合一的境界，它關注於手上的事情，不分心，也不貪多，點到為止，所以勝算很大，做人成功且快樂。

◎遊刃三境界

1. 遊於牛內

目無全牛，刀有全牛。刀遊於牛內，順其走勢而解之。遊刃於牛內，牛與刀合二為一，牛就是刀，刀就是牛，就像水就是墨，墨就是水，因此將墨投入水中，水即為墨所染。王羲之的洗墨池很小，只需要洗幾次就可以將池水洗黑。

2. 遊於牛外

刀遊於牛內時，刀為牛控制，不得不順其走勢而解之。解牛之後，刀解放了，牛也解放了，這時的刀不再遊走，但卻實現了真正的遊走。刀遊於牛外，牛不再是牛，刀還是刀。

3. 遊於牛之內外

「遊刃」的境界之妙是告訴了一種「人遊」之道，即人遊於人間之內外。這樣人才不會受傷，才會全身而退。退無可退時，可以不退。

水樣的智慧

知道者必達於理，達於理者必明於權，明於權者不以物害己。

水的智慧是一種很高超的智慧。水沒有一定的形態，但善於變化，最後能取得勝利。

莊子在《秋水》裡講到，河神說：「為什麼還要那麼看重大道呢？」

海神回答：「懂得大道的人必定通達事理，通達事理的人必定明白應變，明白應變的人定然不會因為外物而損傷自己。道德修養高尚的人，烈焰不能燒灼他們，洪水不能沉溺他們，嚴寒酷暑不能侵擾他們，飛禽走獸不能傷害他們……。」所以說天然蘊含於內裡，人為顯露於外在，高尚的修養則順應自然。懂得人的行止，立足於自然的規律，居處於自得的環境，徘徊不定，屈伸無常，也就返歸大道的要衝而可談論至極的道理。

其實，這裡所說的懂得大道的人必定通達事理，通達事理的人必定明白應變，明白應變的人定然不會因為外物而損傷自己，就是有「水的智慧」。

老子曰：「天下莫柔弱如水，而攻堅強者莫之能勝，以其無以易之。」水的智慧是一種很高超的智慧。水沒有一定的形態，但善於變化，最後能取得勝利。

曾經協助豐臣秀吉統一全日本的大將軍黑田孝高，善於用水作戰，曾經用水攻陷了久攻不下的高松城，因此，在日本歷史上有「如水」的別號。他曾經寫過「水五則」：

1. 自己活動，並能推動別人的，是水。
2. 經常探求自己方向的，是水。
3. 遇到障礙物時，能發揮百倍力量的，是水。
4. 以自己的清潔洗淨他人的污濁，有容清納濁寬大度量的，是水。
5. 汪洋大海，能蒸發為雲，變成雨、雪，或化雨為霧，又或凝結成一面如晶瑩明鏡的冰，不論其變化如何，仍不失其本性的，也是水。

「水的智慧」是一種很高超的智慧，體現在方方面面，但最值得學習的一點是：水沒有一定的形態，善於變化，最後能取得勝利。

這個世界並沒有阻力，只有不知道像水一樣變化的人。

梨子、蘋果、柑桔、山楂……味道各不相同，甚至還是相反的。然而，它們都適合人們的胃口。做事的方法是不是也像梨子、蘋果、柑桔一樣呢？春天吃桃李，夏天吃西瓜，秋天有棗子，冬天有荸薺。季節變化，物產更換，此一時後是彼一時。

處事的方法，也須因時間、地點與物件不同而不斷變換。然而，人們做事會把各種因素考慮得面面俱到，但常常忘掉了一個最主要的因素——人自己。

莊子說：知道在水裡行走，沒有比駕船更方便；在地上行走，沒有比坐車騎車迅速；還要更快些，那就像鳥兒插上翅膀，像眼睛一望便到，像心一樣，一想便從天南到了地北。這就是不知世事，不知人情，一切都在變。這樣就會到了戰國時代，還期望把古代與西周的一套制度拿到天下諸侯國來推行。

弱與強是一對辯證關係，一般人只重視以力對力，結果往往吃力不討好；而有水智慧者卻會舉重若輕，那就是以柔弱勝剛強。

如魏徵在朝廷上與唐太宗爭得面紅耳赤。太宗拂袖而去，在後宮憤憤地自言自語道要殺掉他。長孫皇后聽後立即向太宗叩首道賀：「我聽說，明君之下才會有忠直的臣子。現在魏徵敢於直言進諫，是因為陛下賢明之故，我怎能不慶賀呢？」太宗一聽，立即轉怒為喜，對魏徵進一步重用。

與以柔克剛相類似的，是因勢利導，亦如水。它強調的是：要因外面的「勢」，而採取各種「利」（利益、權利、好聽的話等等）引導之。

比如說服他人，尤其是高高在上的領導者、有權勢者，必須因勢利導、循循善誘，因為他們一般有心理優勢，不會輕易採納他人的建議。如果講究說話策略，通過誘導，最後讓對方自己說出我們想說的話，就是向他人建議的較高境界。

魏王問張旄說：「我想聯合秦國攻打韓國，如何？」
張旄回答說：「那韓國是準備坐等亡國呢，還是割讓土地、聯合天下諸侯反攻呢？」
魏王說：「韓國一定會割讓土地，聯合諸侯反攻。」
張旄說：「韓國會恨魏國，還是恨秦國？」
魏王說：「怨恨魏國。」
張旄說：「韓國是認為秦國強大呢，還是認為魏國強大呢？」
魏王說：「認為秦國強大。」
張旄說：「韓國是準備割地依順它認為強大的和無怨恨的國家呢，還是割地依順它認為不強大並且心有怨恨的國家呢？」
魏王說：「韓國會將土地割讓給它認為強大並且無怨恨的國家。」
張旄說：「攻打韓國的事，大王您應該明白了吧！」

張旄沒有直接向魏王指出不應該聯合秦國攻打韓國，沒有像一般遊說那樣，先說出自己的觀點，然後論證自己的觀點。他把觀點隱藏在最後，甚至到最後也沒有直接說出來，但魏王已經心領神會。採取這種設問的遊說方法，可以強化論點，使對方心服口服。設問實際上是將一般遊說方法倒置的一種方法。先通過互相問答一步步論證、一步步接近論點，最後自然而然地亮出自己觀點。

這種富有謀略特色的遊說方式，我們善加運用，也會收到很好的效果。

忘掉自己，才能得到自己

行事之情而忘其身。

要想用獵槍打中獵物的人，第一件要做的事就是全心在目標上，而暫時把與此無關的事全忘掉。你能否忘記自己，意味著你能否得到一個新的自己。

江湖很大，一條魚可以與另一條魚永不相逢。同樣地，大道寬廣，人與人可以互不傷害，各自前行。不要強迫走在一起，不要牽掛。忘掉他是紀念他的最好方式。

人之所患，在於老是忘不了自己，同時對別人耿耿於懷。

那種時刻忘不了自己的人，將迷失自己。

永遠對別人耿耿於懷的人，將受傷害更深。

莊子就此講了一個寓言《孔子教顏回》：

衛國君主辦事專斷，不顧人生死，顏回決定要去糾正衛君，特來向孔子辭行。

孔子說：「你在道德修養方面沒有什麼成績，怎麼去糾正暴君的過失呢？只怕到衛國後會被殺害。衛君那還用得著你去改變嗎？未能取信於他便進言，只會死路一條。夏桀殺關龍逢，商紂王殺比干就是這道理。」

顏回說：「我保持外貌端莊，內心謙虛，勉力行事可以嗎？」

孔子說：「衛君喜怒無常，小德都無法感化他，何況大德。」

顏回說：「那我內心誠直，外表恭敬呢？」

孔子說：「你這是固陋而不通達，不會感化他的，你太執著於成見了。」

顏回說：「那該怎麼辦呢？」

孔子說：「摒棄雜念，專一心思，達到空明心境，在名利場中不為名利所動，衛君能採納你的意見就說，不能採納就不說，空明之境能生出光明，可以感化萬物。」

孔子的要義是：要忘掉自己，才能感化別人。

莊子藉這個故事強調一點：做人不可執著於自我，以為怎樣就怎樣，要忘掉自我，進入一種空明的境界，這樣才能以空涵無、無中生有。

人不忘掉自己是很麻煩的，容易養成一種壞習慣：一切以自我為中心，一切人都應該圍著他轉，一切事情都應該為他服務。這顯然不可能，為什麼不忘掉自己輕鬆生活？

忘掉自己包括三個主要方面：

一、忘掉自己的能力

這一層最重要，以為自己很有能力，就會去搞很多事，以至收不了場，以至累死。莊子說：「能者多勞，智者多憂」，就是這個意思。莊子又說：「人含其聰，則天下不累」，也是此意。

二、忘掉自己的身分

人一旦戴上各種高帽子，就想在各種場合證明它，結果弄得自己很狼狽。我有個朋友，自認為很有錢，其實他遠不是那種富甲一方的大富翁，只是一般的有錢人而已，結果他寫了一本教人怎樣致富的書，被圈裡朋友嘲笑不已，書也不好賣，富人俱樂部也不會因此而吸納他，真正是貽笑大方。

三、忘掉自己的不快

人都有煩惱，你愈煩惱，煩惱就愈大；忘掉煩惱，煩惱就變小了，甚至沒有了。

有的人活得一生倒楣，並不是社會對他不公，而是他自己跟自己過不去。不如放下屠刀，立地成佛。

這把屠刀就是自己心中的陰影，它是最鋒利的刀，很輕易地把一個人廢掉，殺人不見血。

由此推斷，我們應該忘掉自己的一切，這樣才活得輕鬆、活得自在。比如，男人應該忘掉他的舊情人，女人應該忘掉她的舊相好，才不會被往事折磨，才能有更大的幸福。

有的人生活離不開一個記事本，上面把一整天、甚至整月、一整年的計畫都安排好了，每天只做計畫內的事，處處忘不了自己的事，時時刻刻忘不了自己的人，結果把自己變成機器。

忘了自己才能得到自己。得到自己後，又要忘掉自己，不能有所保留。人心裡一多事，就會煩亂，什麼也辦不好，應如老子所言「虛其心而果其腹」，這樣才是自然的人、自由的人，才能逍遙遊。

莊子講了一個《斷腳聖人》的寓言：

魯國有一個被砍斷一隻腳的人叫王駘，跟他學的人和孔子的弟子一樣多。

孔子的學生常季問孔子：「王駘站不能給人以教誨，坐不能議論大事，跟他學的人空虛而來滿載而歸，好奇怪啊，這是什麼樣的人呢？」

孔子說：「他是聖人，學識和品行都高於我，我將拜他為師，我要引導天下人去跟他學。」

季常說：「王駘是怎樣運用心智的呢？」

孔子說：「他只求自由，忘心而忘形，忘形而忘情。在忘情的渾同境界之中，看自己斷了一隻腳就像失落了一塊泥土，超塵絕垢，大家都樂意跟從他。」

莊子說：「魚相忘乎江湖，人相忘乎道術。」

講的就是一定要忘記該忘記的所有事。

這樣，我們既忘了自己，也忘了別人，可以輕輕鬆鬆，重獲自由。

◎忘情七問

（一）忘情忘情，忘什麼情？

忘一切情。

忘情者有情，忘情者多情，這是因為忘情者無情之後，人是空的，人是透明的，可以看清一切，可以真正地開始愛與生活，當然很好。《聖經》上講有兩個女人相依為命，那就是青年守寡的路得和婆婆俄米。路得有一天在田中拾麥穗，遇到了好人波阿斯。波阿斯看上了路得，路得回家與婆婆商量。婆婆很支持，路得於是忘掉了前夫，嫁給了波阿斯。《聖經》稱讚了路得的行為，認為是美德。

（二）忘情一時，還是忘情一世？

當然是忘情一世。

劉德華有首歌叫《忘情水》，忘情水指酒，劉德華借酒澆愁，唱到：「給我一杯忘情水，換我一生不傷悲。」但這是無用的，酒只能讓人忘情一時，忘不了一世。要一世忘情，就要一世多情。我們不用刻意忘情，情一多自然會忘卻前情。

（三）忘情有什麼好處？

開心呀。

從前有個人娶老婆，兩人感情非常恩愛。婚禮就在本市最繁華教堂裡舉行，郎才女貌，熱鬧非凡。

正在婚禮進行到二人交換戒指時，一個女人氣衝衝跑來對新郎說：「你是個大騙子！你以前騙了我。」頓時全場鴉雀無聲。新郎也嚇了一大跳，認真地想了一下說：「小姐，我不認識你呀。」

那個女人說：「某年某月某天，我們曾在一起。」

新郎坦然地說：「也許真有這回事，但我忘了。」於是不再理這個女人。新娘見此也放心下來，彼此無不快。婚禮繼續進行，那個女人只好走了。人家都忘了，糾纏無益。忘情的好處能使雙方輕鬆。

曼德拉有回在大街上遇見一個人向他道歉說：「對不起，總統先生，我以前曾在監獄裡動手打過你。」曼德拉平靜地對他說：「那時打我的人太多了，我都已經忘了。」那人羞愧而去。

（四）忘情者將自忘？

忘情者自忘，不知道自己是何人，因此開心無比。有個人曾是一代名廚，整天侍候人，這裡國宴，那裡酒席，都找他，煩得要死。於是他出家當和尚，整天吃寺裡的齋飯，備覺好吃。有一天，某飯店找上門來要高薪請他為廚師長，看見他坐在一大群和尚中間吃又粗又硬的糙米飯，還一邊吃一邊挑沙子。飯店使者結結巴巴說明來意，這人大吃一驚：「什麼，你要請我當廚師長？我不會做菜呀！」使者怏怏而去，這人繼續清修，自由自在。

（五）忘情境界高幾許？

不知高幾許，但知無限高。

抗日戰爭時，吳清源在日本下棋。他忘了自己是中國人，他的對手也忘了自己是日本人，因此下出了讓圍棋界永遠流傳為經典的「吳氏棋風」。吳清源在日本打敗了當時日本圍棋界所有的高手，原因就在於他只是把下棋當下棋，而不外加若干東西。當今中韓圍棋大賽之所以水準不高，看起來有很多高手，其實一個高手都沒有，就因為韓國人為韓國而下棋，中國人為中國而下棋，當然拖累太多，沒有進入吳清源的「忘情境界」，因此不能入棋境。吳清源提倡「不為勝棋，要為和棋」，已無勝負心，所以忘情入聖人之境。

（六）忘情人遭人恨？

不，遭人愛。

（七）忘情會不會壞事？

不會。

小李飛刀是個忘情人，才會使出神出鬼沒的飛刀。任何時候只有忘情一擊，才會成功。

人生得一知己足矣

自夫子之死也，吾無以為質矣！吾無與言之矣。

有那麼幾個人可以讓你在他們面前不必帶面具，不需要防備些什麼，讓自己能夠有充分的空間，自由的呼吸，真是一大幸事。

莊子說：「自從惠子離開了人世，我沒有可以匹敵的對手了！我沒有可以與之論辯的人了！」

知己難求。認真地做事，自然地做人，不要奢望，不要苛求。

人是有感情的，人是有個性的。因而，人的世界多姿多彩。

世界總會接受你的。不是每一個地方都接受你，這個特定的地方，要你自己去找、去碰。此地不留人，自有留人處。一切都在機遇中。

不是每一個漂亮的女人，每個男人都愛；不是每一個醜陋的男人，每個女人都不愛。奇蹟總會發生的，但不會重複。這要看口味是否對上了，機緣是否碰上了。

人生要的就是這個機緣。

事情也常常是：過了這村，就沒了這店。因此，人生得一知己足矣！

因此，鍾子期死了，伯牙不再彈琴。因為不再有人能站在他面前，對著他悠揚、激越的琴聲，說「志在高山，志在流水」了。

因此，莊子在惠子的墓前講了一個流傳千古的詼諧的故事——

那是莊子又一次去給朋友送葬，經過惠子的墓地，他不禁回過頭來對跟隨的人說：

「講件事兒你們聽聽，好不？」

大家靜聽著——

有個泥水匠，他的鼻尖上沾上了一點白灰，這點白灰薄得就像蒼蠅的翅膀。這樣一點白灰在鼻尖上雖不礙什麼事，卻不怎麼雅觀。泥水匠就叫他的好友木工師傅匠石替他把白灰削去。

匠石很高興地答應了，說話間便提起斧頭，用力揮起，呼地一陣風響，泥水匠站著一動不動讓匠石砍削，斧頭刃口過去，鼻尖上的白灰盡數削去，鼻子卻完好無損。泥水匠依然若無其事地站在那兒，臉未變色，心也沒狂跳。

宋國的君主聽說有這樣奇事兒，便召見匠石，說：「請試著為我表演一次。」

匠石回答道：「我確實能用斧頭砍掉鼻子上的白灰。雖是這樣，但我所砍削白灰的那個朋友已離開人世，所以，現在我無能為力了。」

莊子講到這裡，長嘆一聲說：「自從惠施老先生過世以後，再就沒有能和我一起深談的人了。」

知此，當知摯友知心可貴，亦難覓矣！故清人何瓦琴《集褉帖字》聯曰：

人生得一知己足矣

斯世當以同懷視之

人生需要朋友，朋友有各種的類型，但知己卻難求，有一二足已。有那麼幾個人可以讓你在他們面前不必帶面具，不需要防備些什麼，讓自己能夠有充分的空間，自由的呼吸，真是一大幸事。人與人的相遇需要緣分，而相知更是需要默契，能為知己必是前世修來的，今生更要珍惜。

社會上幾乎人人都知道朋友的重要，都珍惜朋友之間的感情，但凡是人們珍惜的，也一定是稀少的，因而自古以來人們便慨嘆「人生得一知己足矣」。

其實，我們置身社會中，未必把每一個朋友都交到「知己」的程度。朋友可分為不同層次，有的是於事業有益的、有的是於生活有益的，有的是於感情有益的，也有的是於娛樂有益的，每一種朋友應該交到何種程度才恰到好處、才於人生有益，並沒有一把尺子能量得出來的。不論深交也罷、淺交也罷，朋友之益人人皆知，但這「益」並非信手拈來，重要的是方法，是怎樣交友，怎樣獲得朋友之益。

許多青年人交友處世常常涉入這樣一個誤區：好朋友之間毋須講究禮儀。

他們認為，好朋友彼此熟悉瞭解，親密信賴，如兄如弟，財物不分，有福共用，講究禮儀太拘束也太見外了。其實，他們沒有意識到，朋友關係的存續是以相互尊重為前提的，容不得半點強求、干涉和控制。

彼此之間，情趣相投、脾氣對味則合、則交，反之，則離、則絕。朋友之間再熟悉、再親密，也不能隨便過頭、不講禮儀，這樣，默契和平衡將被打破，友好關係將不復存在。

和諧深沉的交往，需要充沛的感情為紐帶，這種感情不是矯揉造作的，而是真誠的自然流露。中國素稱禮儀之邦，用禮儀來維護和表達感情是人之常情。當然，我們說好朋友之間講究禮儀，並不是說在一切情況下都要僵守不必要的繁瑣的客套和熱情，而是強調好友之間相互尊重，不能跨越對方的禁區。

每個人都希望擁有自己的一片小天地，朋友之間過於隨便，就容易侵入這片禁區，從而引起隔閡衝突。譬如，不問對方是否空閒、願意與否，任意支配或佔用對方已有安排的寶貴時間，一坐下來就「屁股沉」，全然沒有意識到對方的難處與不便；一意追問對方深藏心底的不願啟齒的秘密，一味探聽對方秘而不宣的私事；忘記了「人親財不親」的古訓，忽視朋友是感情一體而不是經濟一體的事實，花錢不記你我，用物不分彼此。

凡此等等，都是不尊重朋友，侵犯、干涉他人的壞現象，偶然疏忽，可以理解，可以寬容，可以忍受。長此以往，必生間隙，導致朋友的疏遠或厭惡、友誼的淡化和惡化。因此，好朋友之間也應講究禮儀，恪守交友之道。

君子以外物為用

乘物以遊心。

一切都有自己的空間，又能把一切為我所用，當然能活出一番新境界。

一位年過八旬的老翁正用斧子劈兩人合抱般粗的硬柴時，過往人都有了嘲笑的眼神。殊不知，五天過後，過往人再沒有看見這位老翁。有一天老翁又拖來一根新硬柴，人們頓時大悟「積極」是最偉大的力量。

打個比方，我們要修一座大樓，就要挖地基，用什麼來填坑呢？並不一定要好材料，一般的石頭瓦片就可以，甚至垃圾也可以。這就叫一切為我所用。

在莊子看來，嬰兒的境界在於以真眼看世，她看到的一切都是美好的，並且都是她的，因此她是完美的，整天洋溢著歡樂。

人一長大，就知不足。各種規矩告訴他什麼是你的，什麼不是，什麼碰得，什麼碰不得，這樣，人就與世界產生距離，遺憾充盈人心，甚至仇視整個世界。

其實大可不必如此。萬事萬物都是在一個世界中，每物互含而互有，我是山，我是水，我是日月乾坤，總之，我是一切。

一切都是同一的，都有共同性。

之所以我們看到一棵樹感到「好看」，是因為認同它的姿態及種種感覺，從根本上講，是認同樹的靈魂。

樹的靈魂是什麼？那就是一種生命的美。人當然也有生命的美，於是能認同這棵樹。

兩種生命相遇，生生不息。

兩種美相逢，更美。

我是樹，樹是我。

莊子說「乘物以遊心」，就是這個意思。鯤要藉助大海之力才能飛起，人要藉助身邊的物才能成功。所謂「遊心」，指心隨物走，而不是自己出神。「心隨物走」，就是同化。

莊子說「魚相忘於江湖」，但也說「乘物以遊心」，就是物要與物在一起更有力量，人藉助物勢，就能逍遙遊。比如兩棵樹各自生長在懸崖邊，索然無趣，有朝一日它們忽然相逢，當然更美。

莊子的這兩種說法沒有矛盾，都是自然狀態。比如兩條魚游著游著就把對方忘了，游著游著又相逢了，這要看環境的大小了。環境小則易相逢，環境大則不易相逢，環境極大則永不相逢。

莊子講了一個寓言《孔子教子高做人》：

楚國的葉公子高將要出使齊國，齊國對待使者很傲慢，如果辦不成事，他擔心要受楚王懲罰，事情辦成功了，定會因憂喜交集而生病。因此來請求孔子的教導。

孔子說：「注重內心修養的人，不受悲歡的影響，知道世事艱難、無可奈何而安心去做事，道德就修到了極點。遇到不得已的事情能把握真情並忘掉自己，哪裡還有貪生怕死的念頭。藉事物的自然而使心志自在遨遊，寄託於不得已而蓄養心中的精氣這是最好的辦法。」

孔子的大意也就是要心隨物走，自然可以做到一切為我所用。緊跟物走，這才是自然狀態，可以獲取成功。春天就看花，秋天就賞紅葉，人生樂趣無窮。

莊子就此講了一個故事《蘧伯玉教顏闔》：

衛靈公請顏闔去做太子師傅。

衛太子天性殘酷，如果任其自然就會危害國家，如果強以法度約束他，就會危及自身。

顏闔不知怎麼辦，衛太子的智慧足以瞭解別人的過失，但卻不知道自己的錯誤，顏闔便去請教衛國賢大夫蘧伯玉。

蘧伯玉說：「螳臂擋車，自不量力，是因為把自己的才能看得過高的緣故，那是危險的。養獅子的不敢用活物去餵養，怕會激起獅子兇殘的本性。訓人也一樣，只能順著他的性子，誘導之心不能顯露，慢慢規正以致他沒有過錯。」

一切為我所用，當然也包括壞人壞事。顏闔要讓衛太子為他所用，就要順著做，不能對著做。所謂「弱順強，可以勝強。善順惡，可以制惡。」

高明的攝影家可以把鏡頭對準任何一隅，洗出來都是一幅有價值的圖片。

我們聽大師講道，可以發現他講的任何一個故事、任何一句話都充滿智慧。

人們老是以為某物無用，其實無用即大用。《莊子》上有個寓言《神木無恙》：

一名叫石的木匠帶著徒弟去齊國，在曲轅看見一棵神樹，這棵大樹大得可供幾千頭牛遮陰，觀賞的人像趕集似地湧來湧去。

匠人石去了看也不看一眼，直往前走。

徒弟問：「我從未見過這麼大的樹，先生為何不肯看一眼？」

匠人石說：「這是一棵無用的散木，是不能取材的樹，所以才這麼長壽。」

匠人回家，夢見那棵樹對他說：「可用之木皆因才能的顯露而害苦了自己一生，不能享受天年，我的無用恰是我的大用。」

匠人石醒後把夢中情況告訴了徒弟，徒弟說：「它既求無用，又何必做社樹讓人觀賞呢？」

匠人石說：「它寄託於社，可免遭砍伐，以此來保護自己，與眾不同。哪裡像你理解的那樣。」

那棵樹之所以叫神木，就在於它能通過無用來保全自己。那麼對於匠人石來說，這棵不能用的樹木有什麼用呢？當然有用，那就是他因此而知道：

並不是一切樹都是為了供他所用而生長的，應該尊重每一棵樹。這樣這個世界的生態才不會被破壞，各種生命一起成長。

已伐者，為材。

未伐者，禁伐。

不可伐者，讓它自由生長。

這樣，一切都有自己的空間，又能把一切為我所用，當然能活出一番新境界。

做一個真實自然的人

乘人而無天……方且為緒使，方且為物絯，方且四顧而物應……

懂得天然之樂的人，上，不會有上天的震怒；下，不會招人非議；於事，無外物牽累；於心，無鬼神的責怪。

莊子說：藉助於人為而拋棄天然……將會被細末的瑣事所役使，將會被外物所拘束，而瞭解天然之樂的人，生，能順應自然而行動；死，可混同萬物而變化。靜處時，他能和陰虛同寂寞；行動時，他能和陽實同奔湧。

因此，懂得天然之樂的人，上，不會有上天的震怒；下，不會招人非議；於事，無外物牽累；於心，無鬼神的責怪。所以說，知天然之樂者，動時與天同行，靜時與地同德，內心統一安定而能統馭天下。他身無病痛，心不煩勞。於是天人合一，萬物都來歸服。

這就是以無致有，統攝萬物的天然之樂。

萬化歸一，一歸何處？這設問古今以來，幾欲沒人能回答。回答也只能是心有靈犀的感悟。倘感悟了，便獲得一種人生態度：天人合一——

天者，自然也。人者，自然之子，自然之一份子也。因而，對應地說，天即自然，人亦自然；因而，認同地說，天亦人，人亦天；或者自然亦人，人亦自然。

解悟這一層，便知天有不可為，人有不可能，便知當行則行，當止則止。於是，可成事，可成人。不可成事，也可成人。

這道理可說得更細些。

做人，要真，要自然。人人懂得這道理。能做到，能做好，卻不算太多，或者說很難很難。因為，人人都說做人難，做一個真實的人更難。原因是社會上充滿了假。甚至有人說：不說假話，辦不成大事。

假，也不是沒有作用，坦率地說，求一時功利，它比真的作用大得多；但假，到底不長久，因此，假的作用終究有限。但假害人卻無限。害自己壞了品性，害別人壞了事情。假，終必敗露，如紙包不住火，一旦敗露，於人唾罵，自己受其苦，還不是自己害自己。

所以，做人還是要真，要自然。成大事者，莫不如此。

三國之爭，周瑜敗於諸葛亮，是因為周瑜行假，才力不夠，便用詭計。結果害了自己。諸葛亮卻自然從容，動的是真感情，用的是真心真意。大家風度，表現的是真的人。

曹操，人稱奸雄，然而為他效力的人絡繹不絕，因為真心對待人才，危難中又能不惜生命成就事業。虎牢關中，在諸侯勢利眼的一片斥責聲中，他親自給地位卑微的關雲長斟酒，真情何其感人。敗敵之際，眾人畏縮，他孤軍擊敵，汴水一戰幾乎死於刀劍，其報國之心，何其壯烈！

所以，在事實中，並不是假的作用大，而是人們常常慾望大於現實、貪心壓倒可能，能力不夠，又不肯承認現實，便弄假，使詭計。這樣自己也便失去真的人的本性。

什麼是真的人？

保持生來的性情，安守正常的生活，遵循大家都奉行的原則。

不埋怨不足，能得多少就是多少。今日不足，還有明日，人生是一個過程，月亮總有圓滿的時候；

不誇耀成就。成功也不過是人生正常。成就了事業，不見得就高明不過，未成者未必沒有能耐。不以成敗論英雄；

不強求不可能的事。強求者，條件不允許，自己才力不夠，便弄虛作假。做賊瞞不了打更的人。隔牆須有耳，室內豈無人。一朝敗露，身敗名裂；

真的人，事情有差失並不追悔喪氣，事情順利，也不自鳴得意。心裡平靜，表情自然。

真的人，登高不覺膽寒，掉進深淵也不驚恐，站在油鍋旁也會從容不迫。因為他明白了做人處世歸根到底是怎麼回事。恐嚇只能嚇唬無知的人，驚險只能震懾心理虛弱的人，死亡只有對弄虛作假的人才真正可怕。真的人心中只有不生不死、無私無利的大道。

真的人，飲食不求甘美。他認定自己是一個平凡的人，滿足基本要求，飽了就夠了。所以山珍海味，連桌筵宴，不過裝潢面子、抬高身價，並無實用，不過是浪費，不過是滿足虛榮心。

真的人精神曠達，內心平靜，不以物喜，不以己悲，認為爭名奪利，無非自找麻煩，人生來並不是這樣的。所以他夜裡沒有噩夢，白天呼吸深沉舒緩。

愛爭辯是非的人，理屈詞窮時，說話便吞吞吐吐。如果他覺得對手可欺負時，就強詞奪理，或矢口不承認事實，或歪曲事實。這樣可笑不說，如此爭強求勝，不顧事實，違背真誠，可得意一時，其自然生機已經斷絕了。他必然白天困擾於慾望，夜晚驚擾於夢魘，與人交往則疲憊於勾心鬥角。試想，得一時之便，失長久之生命，孰得孰失？真的人對此瞭若指掌，又像一點不知，這叫大智若愚。

真的人不違背自然，而自覺奉行自然。並且自己就是自然的一部分。所以，對人生過程他看得一清二楚。生，不過是忽然來了，死不過是忽然去了。所以，他對生死過程，不違背，不抗拒，也不破壞。所以，他無所求，卻得到自然生機的最大賜予；他無所成，卻成就了完善的人。

真的人，思想專一於天地大道。他嚴肅如秋天，隨和如春天，感情的變化，有如四時的自然運轉，能同萬物的無窮變化協調適應，卻沒人能觀測他隨遇而安的底蘊。

真的人，治國用兵，即使滅亡了敵國，也不會失去別國的民心。利益和恩澤遍施當世與後代，並不偏私哪一部分人。

真的人，經商謀利，即使一本得萬利，生意的對手也不會嫉妒痛恨。互相方便，雙方得利。活絡了自己，也成全了別人。

所以，喜歡用心溝通物情的，就不是明白人；有所偏私偏愛的，就不是真正愛人的人；厲害榮辱不能相通如一的，就不是有才德修養的人；矯揉造作追求虛名、失去自己本性的人，就說不上是有識之士；勇敢捐軀，卻不是為了大義，這樣人就是不能自由主宰自己形體生命的人。

真的人，安然自得就像極為孤高不群，但他絕不固執，誰得道他就趨向誰。他胸懷寬闊、極為虛淡，絕不自以為是，或自以為是的浮誇，外以欺人，內以欺己。

真的人，精力充沛，具有令人親切的神色，隨和寬厚，使人戀德歸服；他瞭解一切，卻又像什麼都不知道；他淡泊悠閒，放任無心，達到了得意忘言的境地。

要做真的人，就須瞭解自然的作用，瞭解人為的作用。瞭解了這兩種作用，便進入了認識的最高境界，便瞭解了人生行為立身之根本法則了。

知道自然的作用，就知道自然孕育著一切。人類不可超越自然，人類也是自然的兒女。

知道人為的作用，就可以運用自己的體力智力，追求事業、利益和知識，可得到的就進取，不可得到就安處於自己力量的限度，不急不躁不勉強，妥善保天年，這就是高明之見。

而自然的作用與人為的作用，又歸於一個大道：天人合一。人既是自然的兒女，說明天人本來合一。我們人類從自然的「一」中來，最後又回到自然的「一」中去。

瞭解天人合一，就能同造化渾然一體，利用自然，順應自然，作自然的伴侶。

自然，有看得見的自然，也有看不見的自然。天體、風雲、山川、洪水，是看得見的自然，規律、時機、運氣，或者人們辦事說「聽其自然」，都是看不見的自然。兩種自然，都可以利用、順應，使人為與之一致，這就是天人合一。合一則事業順利成功，人生安全。

不承認天人合一，人類便形勞心拙，既然天人合一，不承認它，就是自己和自己過不去。

天人本無分別，所以真人以自然為本，也以自然為德性、為力量。

按天人合一行事，做真的人，凡夫俗子，也能做事成功，做人成器。

違背天人合一，弄假失真，有多少成大氣候者，到頭來又一敗塗地！

情感太多累壞自己

有人之形，無人之情。

有時候一根火柴就能點燃東西，若用一把火柴則會浪費。

多情必無奈，多情必無聊，多情必無益，算來還是無情好。無情故無傷，無情故無悔，無情故無一切失落，每天都是新天，每人都是新人。

多情公子晏殊有首著名的詞寫道：

一曲新詞酒一杯，去年天氣舊亭台，
夕陽西下幾時回。無可奈何花落去，
似曾相識燕歸來，小園香徑獨徘徊。

在這首詞中，我們看到一個多情公子無聊且無奈的形象，老實說，除了戀愛中人，誰也不喜歡這樣的形象。

「一曲新詞酒一杯」，本來還好好的，曲是新曲，酒是新酒，可以開懷。

但第二句「去年天氣舊亭台」，公子傷感了。因新曲新酒而想到舊日天氣與舊日亭台，隨之，舊日情懷浮上心來，讓人惆悵。

第三句「夕陽西下幾時回」，簡直就是自找煩惱，夕陽西下當然不會回來了。明日又見朝陽，但已不是今日的夕陽，這還不明白嗎？

第四句「無可奈何花落去」，公子戀花，花落人亦愁，因多情而無奈。「似曾相識燕歸來」，畢竟還是春天，竟然又見燕影。這燕影本來和開頭的新曲一樣可以開懷，但公子已經心情敗壞，只能在「小園香徑獨徘徊」！

第六句「小園香徑獨徘徊」，揭示了他徹底沒戲，徹底失敗了。

春天是好好的，人卻被春天廢了。

此詞揭示：多情必無奈，多情必無聊，多情必無益。因此還是無情好。

莊子指出：做人的最高境界是「有人之形，無人之情」。

即應做無情人，用以應對無情人生。

無情故無傷。

無情故無悔。

無情故無一切失落，每天都是新天，每事都是新事，每人都是新人，絕不舔傷自憐，有的只是奮進於人群之中，不時自傲！

無情就不會無聊與無奈，可以避免這人生的兩大殺手的追殺。

無聊是一種病，蠶食我們的生命。我們不要無聊，要活得時時有意義。

無奈是一種傷，殺人於無形。我們不要無奈，要積極地想辦法，應對一切困難。

那麼計將安出？

那就是無情。無情者無畏，可以完美一生。莊子曰：「有人之形，無人之情。」意思是我們只需要具備人的形狀就可以了，無需有人的七情六慾。

莊子這話並不是要人禁慾，而是指出人要無情，才能活出人的境界。

什麼是「無情」？無情不是沒有情，而是無俗情。世俗的七情六慾對我們來說是沒有意義的。

無俗情，才能有真情，才能做真人。

無情有十重境界，詳述如下：

一分無情，可以省事。

二分無情，可以省心。

三分無情，可以清靜。

四分無情，可以減少恩怨情仇。

五分無情，可以真正地去愛人。

六分無情，情人互賞之。

七分無情，是多情。

八分無情，是絕情。

九分無情，是癡情。

十分無情，有真情。

道家的最高境界就是修練成「真人」，其唯一的途徑就是「無情」，絕世恩，棄人怨。莊子就是這樣的無情人，他在妻子死時鼓盆而歌，在楚王聘他為相時大笑使者，無心世事，確是個無情人，被後世之人稱為「南華真人」。

但莊子無情的背後是多情，他以唱歌的形式懷念妻子的好，以拒絕楚王的方式為天下人著想，絕不助紂為虐。

莊子的自由之身來之不易，我們當知他所提倡的「逍遙遊」不是不顧一切、只管自己逍遙快活，而是在對他人無傷害的前提下進行的一場心靈自由之旅。他的指向是無限的，他的飛翔卻是有限的，因此能帶動無限。逍遙遊的最後也是降落地面而踏實地生活。

◎無情三階段

第一階段，捨不得

捨不得也要捨。

第二階段，捨得

人一捨得，就愈捨愈得。宋江捨得財產性命幫助弟兄，自然會收穫多多，最後自然而然成為首領。你付出多少就會收穫多少，從來沒有只種不收、只收不種。

第三階段，大捨得

這個階段是「白給」的階段，施捨不求回報，幫助不求還恩。這種境界只有聖人能做到。耶穌白給世人以道，老子莊子白給世人以道，都意在成全世人。為什麼要成全世人？因為愛。父母愛子女，略微相似。但父母還希望子女有孝心，聖人卻不作任何要求。你敢要我就敢給。

見好就收是人生大智慧

子見夫犧牛乎？衣以文繡，食以芻叔，
及其牽而入於大廟，雖欲為孤獨，其可得乎！

有人生閱歷的老人知道，人的壽命並非愈長愈好，最好是在別人還需要自己的時候就撒手人寰，這叫做見好就收。戀世以至於苟延殘喘，終會讓人生厭，活得沒有滋味。

莊子說：「你見過那準備用作祭祀的牛牲嗎？用織有花紋的錦繡披著，給它吃草料和豆子，等到牽著進入太廟殺掉用於祭祀，就是想要做個沒人看顧的小牛，難道還可能嗎？」

如果得了惡人的好處，就該捫心自問。因為常人相處，只是相安無事，交情也就能地久天長，惡人終究是愛作惡的，給人好處，必有惡的目的。

有人去見宋襄王，得到了十輛車子賞賜，這個人便向莊子誇耀。

莊子就用以上道理告誡他，還說出一個故事。有個人住在河邊，家境貧寒，他靠編蘆葦製品養家活口。某日，他的兒子潛入河中最深的水底，得到一顆價值千金的珍珠。

這個人見了兒子送上的珍珠，沒有高興，而是叫兒子趕緊找塊石頭砸碎它。他對兒子說：珍珠雖然很值錢，但一定產生在極深的潭底，在黑龍的下巴下面。你能取得這顆珍珠，一定是碰上黑龍在睡大覺。假使黑龍那下子醒了，你還有命嗎？

莊子告訴這個人說：「如今宋國的形勢兇險無比，還不止像深淵，宋襄王的兇殘狠毒，遠遠超過黑龍逞威。你能夠得到十輛車子，一定是碰到襄王在睡夢中。假如他突然醒悟過來，你只怕想當他的階下囚也不可得了。」

知道不可僥倖，便知道取捨，便知道和氣的生活、自由的人身可貴。

有位諸侯用厚禮招聘莊子做官，莊子一笑，回覆這位諸侯的使者說：「你見過作為祭品的牛嗎？祭祀時，它滿身文彩，還披著彩綢，吃得嫩草和黃豆，受寵極了。等到它被牽進太廟宰殺的時候，即使這時它想作一條山野無人照料的野牛，也已經不可能了！」

所以，賢能的人一定要認真選擇可以服務的物件，才接受職位，美好的飛鳥一定要尋找適合棲身的樹林，才築巢作窩。

僥倖求利，小則終身遺憾，大則當時就喪失性命。

有人生閱歷的老人知道，人的壽命並非愈長愈好，最好是在別人還需要自己的時候就撒手人寰，這叫做見好就收。戀世以至於苟延殘喘，終會讓人生厭，活得沒有滋味。

有藝術經驗的演員知道，「再來一個」得有嚴格的節制，最好是在觀眾興致正濃的時候就悄然退場，這也叫見好就收。因為台下掌聲熱烈，就沒完沒了地「再來一個」，等到觀眾倒了胃口再收場，總是有點灰溜溜的。

中國歷史上有不少政治家功成身退，他們懂得見好就收。

李泌要與唐肅宗分手時，是與唐肅宗同榻而寢的，簡直情同手足。但李泌決意離唐肅宗而去，他說「臣有五不可留」「臣遇陛下太早，陛下任臣太重，寵臣太深，臣功太高，亦太奇。」李泌明白，倘若迷戀這一切而不想「收」，那麼，事情就會悄悄地發生變化。周圍的環境會變，信任會變成猜疑，擁戴會變成妒忌；自己的心態也會變，功能使人變驕，權會使人變蠻，弄不好就會身敗名裂，以至像李斯那樣，想當平民百姓而不得。

當然，這類功成身退的政治家大致都是官僚，當君主的沒有這回事，非到迫不得已之時，他們是絕不肯讓位於人的，儘管見好就收這句話，對他們也同樣適用。

現狀和習慣總是把人的思想禁錮得死死的，「見好就收」的可貴，就在於能夠突破這種現狀和習慣的束縛。人的認識原是近乎螺旋的曲線，但這一曲線的任何一個小段都能被片面地變成獨立完整的直線，把人們引到泥坑裡去。「見好就收」的可貴，就在於能夠擺脫這樣的直線思維，善於「腦筋急轉彎」。潮水有漲有落，鮮花有開有謝，掌聲有起有息，無論什麼東西——自然也包括權勢和名聲，一旦到了頂峰，都會走下坡路的。倘若世上真有什麼「永遠不落的太陽」，不要說生態將會失去平衡，就是這地球本身也未必還能繼續運轉生存。見好就收，就包含著對這種辯證法則和自然規律的認識以及居安思危的清醒，比起「見壞才收」，無疑更為明智，更為從容，也具有更多的主動性。

這都是最基本的道理，卻也最容易被人忽略。李泌說的「五不可留」，在許多人那邊，恰恰就是「五不可退」，即使是洞明世事的人也不能免俗。舉一個最切近的例子，瓊瑤就禁不住鮮花和掌聲的迷惑，當《還珠格格》火爆神州之時，大概也感到她有「五不可退」，硬是「再來一個」，迫不及待地拋出了續集。不知道她一集又一集地續下去的時候是否感到勉為其難，觀眾卻是硬著頭皮看下去的。

做人之道——明白自己

喜怒通四時，與物有宜而莫知其極。

有些人常是費了九牛二虎之力，把一件事情折騰得亂七八糟的時候，才知道自己原來是個糊塗蟲！

人的驕傲從何而來？來自對自我的認知與認同。不僅要知道自己是誰誰誰，更要知道自己在做什麼。

莊子指出，為人應該「喜怒通四時」，意思就是說勇敢面對身邊發生的一切，喜怒都要順其自然，很多時候要學會默默接受與默默忍受，這樣可以減輕傷害，較快度過難關。

在大森林裡，有兩個盜賊放下贓物，準備分贓，卻碰到了老虎，立即驚恐不已，一個拔腿就跑，並爬到一棵樹上躲了起來。另一個嚇軟了腿，跑不動，就被老虎一腳踏翻吃了。

然而，有人在大森林裡丟失了幼兒。幼兒覺得大森林裡一切都新奇，十分好玩。就玩玩石頭，摸摸野花，看看從參天大樹的濃蔭中瀉下的陽光，感到有趣極了。這時也來了一隻老虎，老虎望望孩子，以為他會躲開；孩子望望老虎，這是個什麼東西呢，皮毛那麼好看？老虎打量著幼兒，幼兒看著老虎；老虎在詫異，幼兒向老虎走去；老虎想逃走，幼兒想和老虎玩耍。老虎覺得這孩子那麼小，便壯著膽子和幼兒玩，幼兒摸老虎的鬍鬚，扯扯老虎的尾巴。老虎終於沒有耐心，被幼兒的自然鎮靜嚇得灰溜溜地跑了。

這就是自然而然。這就是天寵之子。

同樣地，很多事情是無條件的。比如愛。

一、愛是無條件的。我們往往要求所愛之人這樣那樣，其實沒必要。你喜歡愛，你就去愛。不要講條件，不要講利益。你只要去愛就可以了。

二、愛是無因果的。人們把愛叫姻緣，以為真有什麼神秘的因果在內，其實遠不是這麼回事。愛是偶然發生的，只有邂逅相逢，沒有預定的道理。所以，我們不要講因果、以為穩吃穩拿，而要珍惜眼前，因為它會隨時溜走。

三、愛是無原則的。愛有什麼原則呢？沒有原則。規定什麼可以做，什麼不可以做，這是徒勞的，不如天馬行空，彼此無阻礙，彼此無傷害。

四、愛是無增無減的。你不會在愛中收穫什麼，也不會因愛減少什麼。一切照舊，愛遵守能量守恆。你以為驚天動地，其實天地不動，動的是自己。因此要保持一顆永遠寧靜的心。

明白了「真愛有四無」，才會明白愛是怎麼回事，人生是怎麼回事，才有可能重返自由，逍遙一生。

不管你是何種人，只要你：

一、心中有愛。

二、永遠保持一顆驕傲的心。

你就可以成功快樂。

你的驕傲從何而來？來自對自我的認知與認同。你要認同自己、認可自己，不要跟自己過不去。認同自己的前提是認識自己，但又不僅認識自己是誰誰誰，更能知道自己該做什麼。

梁漱溟講孔子的學問是「自己學」，我講莊子也不過是「學自己」。自己是最好的老師。

你還期待什麼高深的知識？這就完全夠用了，只要你明白。

◎人有四傲

（一）我有身體

我有腳，可以走路。我有嘴巴，可以說話。有手，可以寫字。多麼讓人驕傲！我是全能的、高級自動的、最高智慧型機器，想動就動，不想動就停下來。我的最大缺點是要吃飯，但我可以自己找到飯吃，這就更驕傲了。

（二）我有靈魂

每到晚上我就靈魂出竅，去天上與上帝溝通。我是編故事的能手，能把上帝哄得很開心。我每晚的夢很精彩，高潮迭起，懸念不斷，這全是靈魂一手導演的。我又是導演，又是編劇，又是演員，我還自己唱主題曲。

（三）我在做事

我做事純屬好奇，全無功利心。我爬山不是為了征服山，而是要看看我到底能爬多高，山上的風景到底有多美。我無功利心，所以收穫極大。我心寧靜，坐在石頭上時不因日落而傷感。

（四）我在做人

我原不知道我是人，有一天知道了就很驚奇：原來我是人！動物有一萬種，人卻只有一種，那就是懂得去愛。

人生戰術；遠衝突，避禍根

以天地為大爐，以造化為大冶。

謀遠求避，是做人的高深之道，非過來人絕不能知其妙，好比你被是非沾身後，羨慕遠離者的感覺。

自然之道是公平的，有所得必有所失，這樣你才會珍惜即有，而追求未有。如此則小福可以變大福，暫時的福變永久的福。因為永不在場，所以永遠無福。

老子說：「福兮禍之所倚，禍兮福之所伏。」講的是禍與福可以互相轉換，既有福變成禍，也有因禍得福。因此，一個人懂這些就應該做到：

一、有福時要謹慎，不要太張揚，避免福變為禍。

二、有禍時要樂觀，更要達觀。要看到禍有好的一面，並且將很快轉化為福。

關於第二個問題，《聖經》上有極好的論述，那就是著名的《山上寶訓》中的一段，出自耶穌基督之口。

耶穌在山上說：

虛心的人有福了，因為天國是他們的。

哀慟的人有福了，因為他們必得安慰。

溫柔的人有福了，因為他們必承受地土。

飢渴慕義的人有福了，因為他們必得飽足。

憐恤人的人有福了，因為他們必蒙憐恤。

清心的人有福了，因為他們必得見神。

使人和睦的人有福了，因為他們必稱為神的兒子。

為義受逼迫的人有福了，因為天國是他們的。

人若因我辱罵你們，逼迫你們，揑造各樣壞話毀謗你們，你們就有福了。應當歡喜快樂，因為你們在天上得到的賞賜是大的。在你們以前的先知，人也是這樣逼迫他們。

禍中有福，奇禍有奇福，關於此，莊子講了一個寓言《殘疾人有福》：

有個人名叫支離疏，長得奇形怪狀，下巴隱藏在肚臍下，雙肩高過頭頂，頸後的髮髻朝天，五臟的血管出口都向上，兩條大腿和胸旁肋骨並生在一起。

他為人縫衣漿洗，足夠度日，又為人簸米篩糠，足夠養活十口人。

國君徵兵時，支離疏拂袖揚臂在徵兵人面前搖擺而遊。每回支離疏總因身殘而免除勞役。國君向殘疾人賑濟米粟時，支離疏還領得三盅米和十捆柴火，像他這樣的人形體殘缺，卻能養身，享盡天壽。

支離疏是個超級殘疾人，老天生他如此，可謂天降奇禍，但他因禍得福，因殘疾而免征兵役，不會當砲灰；又多多享受國家福利，本人又勤勞，像他這樣的人對整個社會都有益無害。

相反的，很多人人模狗樣，卻容易栽跟頭。很多人英俊瀟灑，卻免不了一世傷心。很多人學富五車，也難免懷才不遇，抱恨終生。

為何如此？

自然之道是公平的，有所得必有所失，這樣你才會珍惜即有，而追求未有。如即有之物你不珍惜，必將連本帶利全失去。

因世人貪婪，聖城將全毀，耶穌為耶路撒冷哀哭。他走出了聖殿，對門徒說：

「你們不是看見這殿宇嗎？我實在告訴你們：將來在這裡，沒有一塊石頭留著不被拆毀了的。」

然後耶穌在橄欖山上坐著說：

「凡有的，還要加給他，叫他有餘。沒有的，連他所有的也要奪過來。」

人本赤裸，但連赤裸之身也奪去，便只有將靈魂下地獄的份上。佛經上常說「種瓜得瓜，種豆得豆」，人的命運都是自找的，一切的禍都是自找的，我們只有心懷恩義，才能自求多福，不至於早早就完蛋。

《聖經》上說下地獄的門是寬的，去的人很多，進天國的門是窄的，去的人很少。我們當然要去天國，不可自尋死路，隨塵世的惡俗沉浮，必無出路。

要虛心慕道，要愛人若己，要珍惜即有之福。如此則小福可以變大福，暫時的福變永久的福。那時的耶路撒冷將得到重建，有了義，人們的存在就不會再有洪水。

莊子說：「以天地為大爐，以造化為大冶。」是的，這個世界猶如煉獄，這是不可避免的熬煎，惟有真金不怕火燒，待火熄滅時，自會大放光彩。

第一場較量，禍贏了

福在美好的世界中幸福地生活。這時候禍悄悄來了，輕輕吹了口氣，福就打了一個寒顫。再一看，到處結冰了，樹葉落光了，白茫茫一片大地真乾淨。

福憤怒地問禍：「你為什麼要來？我又沒讓你來。」

禍說：「並不是我要來，我就在你的裡面，我一直都在，就像石頭在水裡面，只要你把水喝乾了，我就露出來了。」

第二場較量，福贏了。

福時刻要報仇，偷襲禍。

禍說：「哎喲，誰給了我一刀？」

福說：「是我。你曾從我身上奪去的，我要加倍奪回。」

福搶走了禍的東西，重新幸福起來。但它知道自己的東西都是搶來的，因此日夜提心吊膽。而正因為它擔心又失去，所以特別珍惜，注意培養，就把小福被成了大福，富富貴貴。

第三場較量，它們打成了平手。

禍又來了，殺氣騰騰。

福毫不畏懼，馬上迎戰。

它們打得熱火朝天，難分難解。有時禍勝了，有時福勝了，誰一不注意，就會失手。因此它們永遠警惕著，隨時準備放手一搏，因此雙方呈膠著狀態，一直這樣度過它的一生。世上只有精神的勝者，沒有實際的勝者。打成平手就是勝利。

大智慧與小聰明

大知閑閑、小知閒閒。大言炎炎、小言詹詹。

有大聰明的人，胸懷曠達，表面上無所作為；只有一點小聰明的人，卻喜歡觀風色，見利忘義，無孔不入。

莊子說：才智超群的人廣博豁達，只有點小聰明的人則樂於細察、斤斤計較。

有大聰明的人，胸懷曠達，表面上無所作為；只有一點小聰明的人，卻喜歡觀風色，見利忘義，無孔不入。

有一點小聰明的人，談大道理，則氣焰囂張，壓迫得別人受不了；說具體事兒，則囉里囉嗦，喋喋不休。

他們在睡覺時老是在做夢，因為白天老在打人家的主意，晚上便神經錯亂；醒來的時候，由於精神疲勞，形體就像散了架一樣。

他們沉醉於種種損人利己的行徑，並自以為是，他們無望恢復天然性情。

有人聰明在嘴上，有人聰明在臉上，有人聰明在心底。

有人聰明在眼前，有人聰明在長遠。

自以為聰明容易，自以為愚蠢卻很難。

聰明一時容易，長久不犯糊塗卻難。

日有所知，日有所不知便是聰明，便知聰明。

日常生活中，常常看到這種現象：

一些很有學問、很有修養、心裡明白的人，表面卻像個白癡，既不與人勾心鬥角，也不用心算計。正由於這樣，一些無知的人反倒取笑他，背後議論他，並自以為聰明得計。

莊子解釋說，這很正常。為什麼呢？

有大智慧、大聰明的人，胸懷坦蕩，胸襟豁達，明白大道理，身邊瑣事一目了然，用不著處處用心，或者為了一點雞毛蒜皮的小事，去斤斤計較。因此，有大智慧、大聰明的人，心中總像很安逸，行為也總是很超脫。

只有一點小聰明的人卻正好相反。他們喜歡察顏觀色，見縫插針，無孔不入。這種人要是談大道理，便氣勢洶洶，咄咄逼人，談具體事兒，便婆婆媽媽地叨叨絮絮，沒完沒了。他要是和別人打上了交道便老是糾纏不清。然而，他長於勾心鬥角，雞蛋裡可以挑出骨頭，沒事兒也可找出是非來。

也有的人善於偽裝，見人開口笑，一副慈眉善目；有的當面很熱情，很義氣，背後卻在設陷阱，下決心陷害朋友；有的則把心思埋得不露蛛絲馬跡，讓人覺得他高深莫測。

這樣的人，表面上像很厲害，但內心實際很虛弱。遇上小的風波，他就惴惴不安，因為他心目中只有自己那耿耿於懷的私利。碰上大危險，他便感覺自己完蛋了，或犧牲朋友以自保，或者神思恍惚，一點主張都沒有。

形勢一有利，他們就很猖狂。他們發動進攻時，就像利箭一樣迅速、猛烈。因為，他們時刻都在窺伺別人的紕漏，以求得滿足自己的進攻慾與征服慾，並因之使自己獲得好處，證明自己聰明、有板眼。

他們要留神什麼時，就像發過誓一樣，咬緊牙關，三緘其口。實際上他們是在等待時機，以備在合適的時候進攻他人。

不過，小人似乎註定只能是小人，因為他們始終不會明白自己的愚蠢、昏瞶。

他們勾心鬥角，殺氣騰騰，就像嚴酷的冬天一樣無情，自以為得意、聰明，實際上他們不過是一天接一天地扼殺人的天性，一天天迅速地走向死亡。他們就像喝醉了酒一樣，醉成一灘泥；反而更理直氣壯地說自己沒醉，說心裡更明白。想他們恢復人的天然性情，那實在是不可能的了。

他們的心腦死硬僵化，就像是被鐵水澆鑄的一樣。這說明，這些玩弄小聰明的人，實在是糊塗得不可救藥了。他們的一生就像一場夢，到死也不會醒來。因此，他們的生命永恆地缺乏著一種天然自在的生機。

他們反覆無常，俗話說：易漲易退山溪水，易反易覆小人心。在心理情緒上，他們時而歡喜，時而憤怒，時而悲哀，時而快樂。或者憂心忡忡，有時又嗟傷不已，驚恐萬狀；要麼扭捏作態，嬉皮笑臉，要麼縱慾放任，無所顧忌。

誰都知道有聲的音樂，是從無聲的樂器中發出的；濕熱無形的蒸氣卻能長成有形蘑菇與菌類。小聰明的諸種情態，天天在我們面前出現，無窮無盡，我們卻沒辦法找出它的根由。再說他們也是人，弄得清楚嗎？

弄不清楚是正常的，弄得清楚反倒不正常。模糊才是世界的真面目。

世界上事物的構成之理就是這樣的。

沒有小聰明的種種用心、鑽營和造作，大聰明的坦蕩、自然就失去存在的依據。所以，沒有小聰明也就沒有大聰明、大智慧。

從小的角度去看大的形體，總看不到它的全貌；從大的角度去看小的物體，總看不清它的面目。精，是小而又小的；粗，是大而又大的，所以有區別。這也是勢所必有的。精與粗，只限於有形之物；無形的事物，數量便失去意義；大得無法計量的事物，數量也就無限大了。

明白大道的人，就一定能夠明達事理；明達事理的人，就一定能夠通曉權變；通曉權變的人，就不會因為身外事物而連累自己、損害自己。

偉大的人，就是前面說的大聰明人、真聰明人了，也就是常人說的君子。反之，就是小聰明、自作聰明的人了。如果自作聰明者，自作聰明之外還有什麼見不得人的，自私自利、損人利己、損公肥私的動機，那就是小人了。

如果用小人的算計推度君子的胸懷，那就要鬧笑話了。

惠子某一次就頗有小人之心。

惠子當時正當梁國的宰相，莊子去看他，因為二人一向交誼很好。莊子來後，有人在背後對惠子說：「莊子這回來，想取代你宰相的位置，您小心點！」

惠子一聽，很擔心。便下決心，先下手為強，捉拿莊子，以除後患。硬是在全國搜捕了三天，終於沒發現莊子的影子。當惠子放下心來依舊當他的宰相時，莊子卻來求見。原來莊子並沒逃走，只是藏起來了。

莊子對惠子說：「南方有一種鳥，名叫鵷鶵，您聽說過吧。那鵷鶵，是鳳凰一類的鳥。牠從南海飛到北海，不是梧桐不棲身，不是竹子的果實不吃，不是甘美的泉水不喝。就在這時，一隻老鷹抓到了已經腐爛了的死老鼠，鵷鶵從它的身邊走過，老鷹便緊張起來，抬頭對鵷鶵說：『您想以拿走梁國相位來嚇唬我吧？』老鷹把死老鼠抓得更緊了。」

聽莊子講完，惠子面紅耳赤，不知說什麼好。

還有一回，莊子在濮河上釣魚，楚威王派兩個大夫前來，帶著楚威王的親筆信，要請莊子去當楚國的宰相。兩個大夫客氣地轉達楚威王的問候：「大王想拿我們國家的事麻煩您，請不要推卻！」

莊子只管自己釣魚，手裡拿著釣竿，眼睛盯著水面，對兩位大夫的恭敬與楚王的盛情，一點兒也不動容。莊子說：「我聽說楚國有一隻神龜，死了已經三千年了。楚王把它的遺體，用竹箱子裝著，用手巾蓋著，珍藏在廟堂裡。您二位說說，這隻龜，是願意死了以後，留下骨頭讓人珍惜呢？還是寧願活著，在沼澤中搖頭擺尾呢？」

二位楚大夫：「那當然是願活著，在泥沼裡搖頭擺尾了。」

莊子便笑了：「那好，你們回去吧，我願意活著，在沼澤裡搖頭擺尾，自由自在。」

君子看重人，利於人的事才做，只有小人才忙忙碌碌，窮年累月掙扎在功名利祿的路上。

「我」永遠是別人無法代替的

茫然彷徨乎塵垢之外，逍遙乎無為之業。

做自己而不盲從別人，是一件極簡單而又複雜的事情。第一，要對自己知根知底，第二，要對別人長短有所瞭解。最後，要明白，別人的一切都不屬於你，只有你自己勞作出來的東西才真正屬於你。

《易經》說：「不事王侯，高尚其事。」

孟子說：「富貴不能淫，貧賤不能移，威武不能屈。」

李白說：「安能摧眉折腰事權貴，使我不得開心顏！」

都是講人要有傲骨，不要人云亦云，要自行其道，才能得自由境界，才能逍遙遊。逍遙遊建立在自我價值實現的基礎上。這個價值好比磐石，有了它就可以升到更高境界，反之則不能。

誰是最有骨氣的人？

莊子當然也是最有骨氣的人，楚王要拜他為相，他不去。可見是個了不起的大丈夫、真正的隱君子。多少人假清高，裝模作樣，令人作嘔。

有大境界之人如莊子者，舉手投足皆是自然，不與時俯仰，所以能快樂一生。

《史記》上記載莊子無情拒絕楚王時說：

「子亟去，無汙我。我寧遊戲汙瀆之中自快，無為有國者所羈。終身不仕，以快吾志焉。」

翻譯過來就是叫楚王：「你快走吧，不要髒了我。我寧可遊戲在小河溝裡自娛自樂，也不會被你們這些做國君的挾制。我終生不做官，終生不與你們合作，以快我心。」非常之痛快。

同樣地，千古偉男嵇康在與偽君子山濤絕交時說：「一旦迫之，必發其狂疾！」

翻譯過來就是：「如果你硬要逼我，我就要發瘋發狂了！」

把山濤嚇得肝膽俱裂。嵇康因為此次狂性大作，見殺於司馬昭。但其剛烈的反叛精神推動了中國發展，後世如譚嗣同、魯迅、林昭、李敖等人皆是其傳人。

龍性難馴，我本狂生。

莊子自行一道，絕不向楚王臣服。莊子開創了中國的反叛傳統，莊子的逍遙遊思想與孟子的大丈夫精神共同構造了一種對世俗王權的拒絕，這是中國士人的優秀傳統，為後世嵇康、李白、譚嗣同等人繼承。

莊子為我們講了一個著名的寓言《狂人戲孔子》。這個故事不但見載於《莊子》，也見載於《論語》，確有其事。

孔子去楚國。楚國狂人接輿有意來到孔子門前，唱道：「鳳鳥啊鳳鳥（比喻孔子），你的德性怎麼衰敗了？如今天下混亂，國君昏暗，聖人只求免遭刑辱，幸福輕於羽毛，不知如何取得，禍言重於大地，不知如何迴避。何必在人面前以德炫耀自己？危險啊！人為地劃出一條道路讓人去遵循。荊棘啊！不要妨礙我的行路，不要刺傷了我的雙腳。」

孔子對此一言不發。孔子之所以一言不發，是因為他覺得狂人說得有理，所以他只能默默地看著狂人瀟灑高歌而至，戲弄他於眾人之前。唱完又高蹈而去，消失在眾人裡。

孔子是個有大氣度的人，他不但默許狂人的狂放，他還欣賞狂人的狂放。

因為：孔子也是個狂人。

孔子一生雖然入仕，但與魯國國君、與魯國執政大臣及與諸國國君並無相投之意。孔子一生傲骨，所以終不得志，這是偉大的。孔子說：

「不得中行而與之，必也狂狷乎！狂者進取，狷者有所不為也。」

耶穌也是個狂人。耶穌一生藐視當時文士與祭司、長老，持正道而前往，往往把那些人訓斥得自慚形穢。就像約翰藐視當時的猶太王希律一樣，耶穌當然也藐視當時的羅馬皇帝，說：

「凱撒的物當歸給凱撒，神的物當歸神！」

耶穌因此見殺，但他復活了，其門徒將耶穌愛的基督教義傳遍全球。

凡此聖賢，都是狂傲的，都是異端，他不容於當時，卻給當時人指明了唯一的道路。

有人看到《聖經》上耶穌說：「我就是道路、真理與生命。」以為這話口氣不免太大。殊不知莊子也說他「與天地齊壽，與日月齊光。」真是這樣嗎？

真是這樣。這不是誇張，這就是真實情況，而且還有幾分保守呢！

打開了心智，很多連你想都想不到的真實景象會展現在你面前，並且都不是曇花一現。那時，你是永在的、萬有的，你是起始，你是終結，你是一切過程。

逍遙遊何謂哉？並不是我遊在天上，而是我遊在我當中。一切都是我，我中有我，妙涵一切，如意瀟灑，別有洞天。

這一切從何得來？當然是積極地修練。而保持傲骨，任何時候我行我素、我自行我道是重要一面。莊子說：「茫然彷徨乎塵垢之外，逍遙乎無為之業。」

前一句講塵世茫然無所依，後一句講無為便可逍遙。紅塵染人為血色，而蓮花是潔白的。原來無為也是一種事業，這多好。

換種角度看「小人」

天之小人，人之君子。

小人像蒼蠅，並不因為你厭惡它，它就不往你身邊飛。小人的存在，能讓你明白許多真正的交際兵法。

做「小人」可以在莊嚴的地方毫不莊嚴，可以開玩笑，可以打架鬥毆，也可以裸奔裸泳。並非故意驚世駭俗，我本放浪不羈。

做君子真累。又要冠冕堂皇，又要道貌岸然，只能私下娛樂，不能在人面前說真心話。人類之所以不長進，就是君子太多了。

所有的君子都是偽君子，比如朱子，自詡是君子，卻做一些見不得人的勾當。朱子提倡「存天理、滅人欲」，他要滅的是別人的人慾，而他自己的人慾卻不但不滅，反而燃燒得旺。朱子有幾個老婆，卻要求女人們「餓死事小，失節事大」，真是個衣冠禽獸。

朱子是中國最有名的君子，已是如此，其他可想而知。莊子說：「天之小人，人之君子」，講的就是那些所謂的君子原是小人，不合自然之道。反過來也就是說：「天之君子，人之小人。」我們這些小人原是天之君子，合於自然之道，得自然之自趣。

做小人真輕鬆。

狼是可惡的，因為它毫不掩飾自己。

狗是可愛的，因為它太懂得討人歡心。

但我們要做狼，再不要做狗。狗有什麼好？

我們打個比方，狗很溫順，懂得偽裝，可以叫有教養的「君子」。而狼呢？從不懂得溫順與偽裝，是怎樣就怎樣，可以叫沒教養的「小人」。那麼，「君子」好呢，還是「小人」好？當然是「小人」好！狼無拘無束，非常自在。而狗喪失了最寶貴的天性與自由。

莊子講了個寓言《子產慚愧》：

申徒嘉被砍斷了一隻腳，與鄭子產同拜伯昏無人為師。

子產嫌申徒嘉殘疾，對他說：「我先出去，那麼你停下。你先出去，那麼我停下。現在我出去，你怎麼不停下？見了我這執掌政務的大官就應當迴避。」

申徒嘉說：「我跟伯昏無人先生已十九年，從不曾覺得我是斷了腳的人。你與我同在伯昏無人門下，應該彼此心靈相通，以德相交，卻還要用外在的形體來要求我，難道不是過錯嗎？」

子產聽了申徒嘉一席話，覺得十分慚愧，立刻改變面容說：「你不要再說下去了。」

你看，子產是個大官，君子也。申徒嘉是個賤民，小人也。但是君子在小人面前自慚形穢，不好意思再說了，為什麼？

因為君子心虛。

做真小人有什麼打緊，做人只要坦然，理直氣壯就不怕什麼。很多時候君子還要求小人，如《紅樓夢》賈府的公子哥賈芸困難時碰上了大街上的破落戶「醉金剛」倪二仗義疏財，這才度過了難關。

做真小人勝於做偽君子，就算有真君子，也不如真小人爽快。做人最彆扭的就是強迫自己或別人做君子，那樣太沒意思，何必。

不可盲目崇拜

天下之非譽，無益損焉，是謂全德之人哉！我之謂風波之民。

表面現象靠不住，表面功夫靠不住。

天下人的非議和讚譽，對於他們既無增益又無損害，這就叫做德行完備的人啊！我只能稱作心神不定為世俗塵垢所沾染的人。

熱情不能沒有，也不可不要。但熱情常常容易被表面跡象鼓動。表面現象靠不住，所以熱情總還是抑制點為好。

鄭國的巫師季咸與壺子的學生列子，在壺子面前表現的就是這個弱點。

當時，季咸的法術在鄭國靈驗得很，雖然他來自齊國，但鄭國人簡直把他奉若神明。他能夠預知人的生死存亡、福壽禍殃，預言事件什麼時候發生，沒有不靈驗的。於是，鄭國人一見到季咸，就像躲避瘟疫一樣，遠遠地走開了。

列子看到這種情況，對季咸佩服得不得了，就把季咸這種情況告訴他的老師壺子。他說：「原來我以為老師的道術，是登峰造極了，現在才知道，還有更高深的道術！」

壺子說：「我傳給你的道術，還只是一些表面功夫，還沒有接觸到道的實實在在的玄妙要領，你原來就認為自己得了道嗎？」

壺子就打個比方說，禽類只有一群雌性的，而沒有雄性的，雖可下蛋，但絕不可孵出小雛來。憑表面現象去與世人交往周旋，就肯定會妄聽輕信。因此，巫者憑他的聰明才智，就可以看出你的底細。

壺子就叫列子邀季咸到他這兒來，把季咸介紹給他，瞭解瞭解。

壺子說給列子的話，當然是在理的，列子心裡未必不懷疑老師的話，也許真有公雞下蛋的事呢！

列子懷疑歸懷疑，第二天還是將季咸請了來見壺子。

三人聊了一陣，壺子與季咸彼此一番觀察，各有所瞭解。

季咸從壺子住處出來就對列子說：

「不妙啊，你的老師有死亡的兆頭了，並且病入膏肓，不可救了，算來過不了十天的工夫啦！我看到他的形貌非常怪異，他的臉色就像一堆死灰一樣！」

列子聽了大驚失色，眼淚也流出來了。送走季咸，一進門列子就把季咸的話告訴了壺子。壺子說：「剛才，我顯示給他看的是泥塑木雕般的形象，姿勢也不端正，精神停止了活動。所以，大概他只看到我關閉了的生命閘門，而我真正的生命活力洋溢的河流，他卻沒有看到。你明天再同他一道來看看。」

列子第二天又同季咸來見壺子。臨走時，季咸很高興，也很得意，對列子說：

「真幸運呀！你的老師碰上了我，有希望了。我看到的形容氣色，已與昨天完全兩樣，全部生機已由死寂變得活潑起來。」

這一次壺子告訴他的學生，剛才他顯示的是天象變化的情景，世俗雜念、功名利祿不侵入人心，一線生機從腳後跟循循上升。這是順應自然的功能。

壺子講明道理與原因，又要列子第二天再來。這時列子的疑慮開始消除，既不盲目懷疑自己的老師，也不盲目崇拜季咸了。

在季咸第三、第四次拜會壺子的時候，列子和季咸才不同程度地悟出這些道理，尤其是列子。

這兩次會見如何呢？

第三次列子引季咸來拜會壺子，季咸觀察壺子，感覺十分恍惚。出門時，季咸對列子說：他心神不定，沒有齋戒，實在沒辦法觀察他。只有讓他齋戒後心神專一了，才可仔細觀察他。

列子依舊把季咸的話轉告壺子。壺子說，他剛才道術顯示給季咸的是太虛境界，高遠且沒形跡與兆頭可以捕捉，所以季咸才這麼說。

多一份虛無，人生多一次大笑

以出六極之外，而遊無何有之鄉。

此所謂「虛無」，不是消極之詞，而是指「一切皆空」的修身之道。空是一口缸，能裝最多的水。

虛無是一種「倒空」的境界。注意，是自己「倒空」，不是別人來「掏空」。虛無者自己倒空了，所以很輕鬆自在，心裡沒有陰影，身上沒有包袱。

《聖經．傳道書》講：

「虛空的虛空，虛空的虛空，凡事都是虛空。」

莊子講了一個寓言《醜人有魅力》：

衛國有個面貌醜陋的人叫哀駘它，男人跟他相處，想念他而捨不得離去。女人見到他，即請求父母，說：「與其做別人的妻，不如做哀駘它的妾。」

這樣的女人已有十餘人了，而且人數還在增加。

從沒聽說哀駘它宣導什麼，只見他附和別人。他沒有君王的地位去拯救別人的苦難，也沒有錢財去養飽別人的肚子。見識也超不過四鄰，男人女人卻都親近他。

魯哀公召見他，果見他的相貌醜陋得讓天下人驚駭。但不出一個月便發現他的過人之處。不足一年便十分信任他。決定將國事委託給他。

哀駘它無意答應，也無心推辭，後來他還是離開了魯哀公。

魯哀公悵然若失，問孔子哀駘它是個什麼樣的人？

孔子說：「哀駘它不說話也能取信於人，為才全之人，日夜不間斷地隨物保持春天般的生機，和外物產生和諧的感應。」

哀駘它這種人就是虛無者。他的隨和不是小隨和，而是大隨和，所以有大人緣，無論是男女老幼，還是國君，都很樂意與他打交道。而他本人根本就無所謂、無得無失，一切自然。一般人認為虛無者消極，其實剛好相反，真正的虛無者非常積極。他不是一般地「看透了」，或「看穿了」，而是「看出來了」。

他是發現者。

他是揭秘者。

他是終結者。

人心的隱秘環節被他探明，世界的關鍵骨節被他摸清，因此他走路放心大膽，不會撞鬼。對於他來說，一切都是透明的，毫無遮擋。但他也不是全知全能的，因此未來還有懸念，因此他也很小心，也像一般人一樣憧憬著可能的美好世界。

一般人的憧憬都伴隨著擔心，而他沒有，所以很順心，不會患得患失，老是計較什麼。虛無者明白自己的缺陷，並且不打算彌補。他把遺憾留給自己，把完美留給別人。這樣他就更快樂，更自由。

莊子說：「以出六極之外，而遊無何有之鄉。」說的就是此意。「無何有之鄉」就是「烏有之鄉」，也即虛無之鄉。那是最真實的所在。人生自虛空還歸虛空，他因虛空而生出種種生命之無奈，但殊不知正是這虛空給了他光榮種種、幸福種種。

每個人都是虛空的，每個人都相同。而佔據更多虛空的人必將深諳人心，獲得如何使人生成功快樂的真正心傳。

◎空氣與鏡子的兩場對話

鏡子自誇

鏡子說：「啊，我真大，我裡面什麼都有。無數的美女每天都來看我，總也看不夠。美女都嫁給了鏡子，我就是她們的老公。」

空氣笑了說：「當紅顏成白骨，你還做她們的老公嗎？」

鏡子不服氣地說：「總比你好，空空的什麼也沒有。」

空氣微微笑。

空氣抒情

空氣一覺醒來，伸了一個懶腰，開始抒情。

它說：「我真快樂，我什麼也沒有。鳥兒在我裡面飛，飛一會兒就走了。風來雲去，也總是一瞬間。我的一生是自己的，不會被任何人佔據。我真快樂，因為我一無所有，所以不會喪失。」

鏡子慚愧地說：「你是對的，老兄。我其實也是空空的，但不如你快樂，以後我要向你學習。」

迎合，也幫不了自己

道之為物，無迎無送，無毀無成。

迎合別人，究竟為了什麼？不同的人，各有說法。但只有一種結果，暫時得到滿足，最終失去自己。

不迎合才能合拍。至人的心像一面鏡子，自身是完美的。鏡子不照東西還是鏡子，很多人不照鏡子卻不是人，這就說明鏡子的境界高於人。

人心容易變化。老是迎合別人，必無效果。因為前一刻他這樣，這一刻他又那樣，所以你永遠不能與他合拍。

就像追逐流行的人，等他趕上潮流時，又有新的開始流行了。下屬拍上司馬屁老是拍在馬腳上，心裡就怪上司善變，其實不能怪上司，只能怪你不知道他本在變。

男人追女人也是這樣，你花盡心思討她喜歡，看見她某天喜歡某樣東西，你就偷偷買來給她，誰知她並不在意。於是你大罵這女人裝，殊不知這是她的真實感受，幾天前的東西只能在幾天前喜歡，今天心情自然又不一樣。

不但東西會過時，人也會過時，娛樂圈把昔日紅星不再走紅叫「過氣」，這個詞很準確。氣是流動的，瞬息千里，人一過氣當然就失之千里了。

因此，老是追趕別人或追趕某樣東西，肯定會落空，因為雙方都在變動，怎麼可能合拍？

因此，我們面對這種情況，如要達成某一目的，唯一的辦法就是根本不用迎合別人，我自行我道。這樣再加上合理運用既有資源、大膽佔用將有資源，你就可以通過對有限資源的重組達成某種效果。

你想要笑，就要旁若無人地大笑。

你要哭，就要淋漓盡致地大哭。

千萬不要半哭半笑，那樣是很難看的。

你要做事，就放手去做，不要迎合別人，「雖千萬人吾往矣」，自然境界不同。

隨波逐流，必被淹沒。《聖經》上說下地獄的門是寬的，走的人也多。上天堂的門是窄的，走的人少。我們當然要一人去走窄門。

莊子指出「聖人之用心若鏡，不將不迎」，就是說我們根本不用迎合別人，即可有所得。

莊子講了一個故事《道不能靠迎合得來》：

南伯子葵問女偶：「你這麼大年齡，面容卻像孩童，是何緣故？」

女偶答道：「我得道了。」

子葵：「道可以學得到嗎？」

女偶：「不可以，以聖人之道傳給聖人之才，才容易領悟。我用三天忘了天下，再七天而忘萬物，再九天而無慮生死，心境才明澈，明澈才能感受『道』，得道才能超越古今，而後才能無所謂生死。道之為物，無迎無送，無毀無成。」

子葵說：「那麼你從哪兒得來的道？」

女偶說：「從文字那得到的，文字通過背誦得到，背誦通過見解明澈得到，明澈通過附耳私語得到，附耳私語通過實行得到，實行通過吟詠領會，領會通過靜默得到，靜默通過高曠寥遠得到，高曠寥遠通過迷茫之始得到。」

上面有兩句話說得很好：「道之為物，無迎無送，無毀無成。」也就是「聖人之用心若鏡，不將不迎」的意思。一言以蔽之，不迎合。

不迎合才能合拍。

聖人的心就像一面鏡子，它自身是完美的。鏡子不照東西還是鏡子，很多人不照鏡子卻感覺不像人，這就說明鏡子的境界高於人。

我們把一面鏡子放在山頂的石頭上，可以看到鏡子裡面不時有鳥兒飛過，有白雲朵朵，非常漂亮。但隨著時間的推移，光線漸漸變暗，最後鏡子裡面黑漆漆的什麼也看不到。看鏡子的人於是無趣起來，怪鏡子不再發光。但這關鏡子什麼事呢？鏡子還是鏡子，生氣的是人。

人不能指望從鏡子裡得到什麼，因為鏡子最真實，它不迎合你。醜陋的人不會照出漂亮來，就像《白雪公主》上那個王后問：「鏡子鏡子，誰是世界上最漂亮的人？」

答案是殘酷的，鏡子告訴她最漂亮的人不是她，而是白雪公主。王后生氣了，把鏡子摔壞，但事實就是那樣。

鏡子是寶貴的，因為它真實。我們每人心中都應該有一面鏡子，隨時照照自己醜陋的嘴臉，當然也要發現自己的美。

得道就是得自己，得自己就能得道。

道是什麼？道是一面供萬物參照的鏡子。它本身可以照物，但它不因物而存在。它就是它自己。鏡子要磨才亮，而這磨的過程並不是迎合照鏡人的虛榮，而是為了證明自己本來就可以發亮。

萬物都是鏡子。

當萬物都是鏡子時，一切都是透明的，朗朗乾坤，了無纖塵。那時人就可以來往於各種空間，逍遙而遊。

不可讀死書

則天地固有常矣，日月固有明矣，星辰固有列矣，禽獸固有群矣，樹木固有立矣。夫子亦放德而行，循道而趨，已至矣。

學問學多了如果不善加運用，就會變得非常的迂腐，甚至連基本的人世常識、人情倫理都忘卻了。「邯鄲學步」中的那人迂腐得連原來怎麼走路都不知道了。

天地原本就有自己的運動規律，日月原本就存在光亮，星辰原本就有各自的序列，禽獸原本就有各自的群體，樹木原本就直立於地面。

天地萬物的大道，是可以論說的，但論說出來的道，卻不同於客觀實際存在著的道。

給每種事物取個名兒，由此可以稱呼它，議論它，但被稱呼、議論的名兒，到底不同於經常存在的事物的名兒。

無，是表示萬物開始的；有，是表示萬物的母親的。

老子也說過；從實的概括、抽象，深入到虛的理論的微妙，是認識一切奧妙的必須經過的大門。世界上有兩本書：一是現實的無字書，一是訂成一本本的有字書。

人小的時候要多讀有字書，年齡增加，漸漸長成，就要會讀無字書，能獨立地去生活、創造。事實上人多讀有字書，也是為了更會讀現實的無字書。

有字書是寫書人寫成的，是過去的無字書。而現實的無字書，總是同人的現在生活聯繫在一起，無窮無盡。過去的總是過去，現實生活才生動活潑。過去只有與現實相結合、相參照，才有意義。這也就是有字的書本於人的意義。

若把寫過去的有字書當成現實的有字書，那就成書呆子了。

老子說：「道，可道，非常道；名，可名，非常名」，一方面說的就是有字書的作用有限，無字書聯繫著人的生活、工作、創造，因此才作用無窮。所以莊子對老子這個說法特別注意。

莊子曾講過「庖丁解牛」的故事，說殺牛師傅順著牛的形體結構，避實就虛，巧妙運刀，牛宰得好，他的刀也保養得好。

其實這個故事，也說明了人要會讀現實的無字書。對於庖丁來說，現實的無字書就是他面前每一條各個不同的牛，有字的書似乎可以說是廚師們習慣的宰牛方法。按照習慣的方法，無須深入觀察現實的牛體，只要猛割硬砍就成。這樣，庖丁宰牛吃力，刀子也壞得快。但庖丁不這樣，他的經驗使他每一次對每一頭牛，首先在他心目中，他已把牛分解得各就各位。所以，他解牛，對他自己是一種享受，對他的刀子，也無所損傷。這就是庖丁會讀現實之書的好處。

莊子還講了一個「輪扁斫輪」的故事，以說明為人或者施政，不可死守書本，一味聽從前人的說教。這故事是這樣的。

某日，齊桓公在大堂上讀書。在齊桓公潛心讀書的時候，他請的一個做車輪的師傅輪扁，正在堂下拿著木頭砍砍削削地做車輪子。

突然，輪扁丟下槌子和鑿子，快步走到大堂上，不可理解地問桓公說：「可不可以問您讀的什麼書呀？」

桓公說：「記錄聖人言論的書。」

「聖人還在嗎？」

「已經死了。」

「既然這樣，那君王所讀的便是古人經驗的糟粕了。」

桓公一聽輪扁這話，便很不高興，拉下臉說：「我讀書，你一個作車輪工作的手藝人，怎麼可以妄加議論呢？你必須說說清楚！有道理，那就算了；要是說不出道理，那就罪該處死。」

輪扁不慌不忙地說：「拿我做車輪的手藝來說。我砍削輪子，要是榫太鬆了，就不牢固，榫頭雖是打進去，但很快也就會滑脫出來的。要是太緊了，榫頭就打不進去，或者乾脆打壞了材料。只有不鬆不緊才得心應手。」

「不鬆不緊說來容易，但實際做起來的訣竅卻是沒辦法說出來的。你說沒有訣竅，為什麼我總比別人做得好、做得快，而且做起輪子來總比別人來得從容不迫？這當中竅門是實實在在有的。」

「而且，這訣竅我不可能告訴我的兒子，我的兒子也沒辦法從我手中接受過去。我可以告訴他，這訣竅怎麼怎麼的，但我說出的訣竅已不是什麼訣竅。因為，作這門手藝的工匠都這麼說。大家都能說出的訣竅，算什麼訣竅呢？」

「我活了七十歲，一輩子都是砍削車輪。古時候的人連同他們的那些不可言傳的訣竅，隨古人都死去了，我的訣竅是從我自己切身操作體會出來的。這樣，君王忘記自己現實的操作，卻成日裡專心致志地從古人的言論中尋找治國秘方，那得到的怎麼不是古人的糟粕呢？」

齊桓公默不作聲，心裡實在覺得輪扁說得有理。為人處事，真正的訣竅像酒，隨著人的行動一同出現、一同消失，說出來的大概也只能算是糟粕了，無非聞到一點酒味兒，讓人想像到什麼是酒。這就是書本的真正作用。

孔子編定了一套經書，在書中他把人的行為舉止應遵守的禮節形式都規定死了，並且，他還想周朝王室圖書館收藏這套書。他的學生子路給他出主意說：「聽說周朝皇家圖書館的館長是老聃先生，已經退休回家了。您想藏書，不妨去找他試試。」

孔子便去拜見老聃，但老聃卻不答應幫忙，孔子就用經書上的道理說服他。

老聃便打斷孔子的話，說：「太繁瑣，說說大意吧。」

孔子說：「大意是仁義。」

老聃問：「請問，仁義是人的本性嗎？」

孔子說：「是的。君子不仁就不成其為君子，不義則不能生存。仁義，實在是人的本性。沒有它，人還能做什麼呢？」

老聃又問：「什麼叫仁義？」

孔子說：「內心和樂而平易，兼愛無私，這就是仁義的實在內容。」

老聃卻反駁孔子說——

您的話很危險！那兼愛，不是太迂腐了嗎？說無私，實際便是自私。要想天下的人民不失教養嗎？其實，天地本來就有常規，日月本來就有光明，星辰本來就有序列，禽獸本來就有群居的習慣，樹木本來就有直著上長的本能。先生只消依著事物的本性去辦，遵循天地萬物的規律行事，這就足夠了。

打出仁義的旗號，就好像敲著響鼓去尋找逃亡的人一樣，不僅找不到，逃亡的人反倒躲藏得更深了。鼓吹仁義，使人知道仁義，也懂得行假仁義，這不是把本來很善良、純樸的人性搞亂了嗎？所以，作為人不要在書本中迷失本性，也就要不人為地製造一些說教和繁瑣的規矩束縛自己，使人改變本性。

書本的作用如此，這不是把書本上的知識看得一錢不值，只是說有字書一定要和現實生活與工作的無字書結合起來讀，這實際也就是現代人說的理論與實踐相結合。

但讀死書的人，死守教條，不知隨時而變通的人錯就錯在把死書與活書，即有字書與無字書分離開來，漠視活書、無字書，迷信死書、有字書，這就把本末顛倒過來了。

或者整個世俗心理都犯了一個錯誤：他們求真理，他們尋找成功的訣竅，不是到現實中尋找戰必勝、攻必克的依據，而是到書本上去找依據，認為這樣就是獲得認識天地萬物的大道，就是取得了為人處事的成功法則。其實，常常不是這樣。

書上寫的所有，不過是語言的集合。語言當然有它可貴的地方。語言為何可貴？在於它有意義。但意義所表現的東西，又常常是語言無法表達的。

說「人」，什麼是人？張三、李四、王二麻子都是人。但我們說的人卻又不是張三李四王二麻，終於我們仍沒有說清楚人。但我們知道人是什麼，意會而已。世上萬事萬物，語言對它的表述作用僅此而已。

語言，或者書本，僅僅指導我們對現實的意會，我們的知識、能力，靠對現實的意會得來。但世俗卻常常不是這樣，而是代代相傳地認為語言、書本可貴，並以書卷相傳授。如果可貴的是書本的精神，走進書本，又走出書本，得其神，忘其形，這就對了。但如果為書而書，如此則實在太本末倒置了。

儘管這樣，許多人還是朝這條路走下去，並認定這樣可以求得道。認定看得見的是形體和色相，聽得見的是名號與聲音，道也是得到了！
真可悲！形色名聲能體現道的真諦嗎？
真實的是，得道的不言說，言說的卻不知真的道。
世人知道這道理嗎？或者知道：沉默是金。
或者知道：劉項原來不讀書。
現實才是一部奧妙無窮的書！

參透生死，無罣無礙

善吾生者，乃所以善吾死也。

坐在生活的大圈之中，應當把它當作面前的一杯茶，邊喝邊參透人生之道。

從前有個百歲老人做壽，親朋滿座，自然有人向他請教長壽之道。老人死活不談，好像躲避一件虧心事一樣。逼之再三，老人只得說了。說之前，老人問大家：「你們要我說真話還是假話？」大家當然要求他說真話。

老人於是說：「我的長壽秘訣就是『得過且過』。」

沒人聽懂他話中的奧秘，老人的滿堂孝子賢孫聽了也很不高興，聽起來老爺子這話好像在被虐待一樣。其實當然不是這樣。他說的「得過且過」也就是老人們常說的「過一天算一天」，是一種認真的處世態度，已得自然之道。

所謂「過一天算一天」，指一天就當一天過，而不是當兩天或幾天。人們常恨光陰太短，常把一天當兩天，結果匆匆忙忙，手上永遠有忙不完的事，連一天都過不好，過日子就像囫圇吞棗。而「得過且過」並不是不管明天，而是過好今天。這是很重要的。

老人已經說出了他長壽的秘訣，但人們還不明白，還逼他說得更清楚些。老人沒辦法，於是說：「我的長壽秘訣就是『不知死活』。」聞者大嘩。

老人心裡很好笑，心想我要是說出更真的話來，恐怕這些人要一哄而散了。

老人說他的長壽秘訣是「不知死活」確實是句實在話，沒有騙人。百歲老人是不會騙人的，因為他已經沒騙人的必要。

什麼是「不知死活」？就是既不知生，也不知死的意思。死是不可知、不可測的，說「不知死」還可以大家認同；但怎麼會「不知生」呢？須知我們正在活著呀！怎會連自己活著都不知道？莫非心已麻木？

是，但又不全是。前面我們已講過為人要如「枯木死灰」才好，現在我們可以進一步說：

我們連自己是枯木死灰都不知道！

忘了！

莊子說「忘忘」什麼意思呢？

一、我忘記一切。

二、我連「忘了」這回事都忘了。

這就叫「忘忘」。

由此看來，「不知死活」當然是一種很高的人生境界，為人處世沒有任何陰影障礙，當然長壽快樂。

從前有個人欺壓了一個老人，一直怕老人全家報仇。過了些年他又碰到這個老人了，趕緊躲開，老人卻請他喝酒，原因是老人恍惚記得他們見過面，應該是「朋友」。

那個人只好陪老人喝酒，席上他不停地套話，看老人有沒有什麼對他不利的心思，誰知老人一邊喝酒一邊唱歌，敢情全把當年的事忘了！

那人滿臉羞愧，辭席而去，反使老人一愣，還以為他不勝酒力哩。

你看，吃了虧的人還高興，曾經施暴者卻抬不起頭來。這戲劇性的一幕全因一個「忘」字帶來。「不知死活」，真是一個忘情境界、忘我境界，當然會長壽。

壽者不談生死。

孔子說：「不知生，焉知死？」就是此意。

但我們不應避諱談生死，既然一切相皆為壽者相，那麼我們是可以談的，只有談開，才能達生，才能長壽。

沒有人想死，沒有人不想長壽。但人們並沒有真正想過什麼是死，什麼又是長壽。生死大事，想明白了才活得踏實。

小孩子不知有死，於是活得快樂。

一旦明白人是會死的，就整日不開心，除非被各種事情佔據大腦，否則一旦觸及到這個敏感話題，就會陷入痛苦與不快，並且這種感覺將終生伴隨。此乃人生之大害。

人生當為樂，何必自尋煩惱？

也許有人要說：不是我自尋煩惱，而是煩惱來找我。就像我不想有影子，但走在太陽底下自然有影子。這很好，你既然明白了你與太陽及影子三者間的關係，就應該看到影子並不能危害你什麼，而太陽卻實實在在給你以生命。

因此你如果討厭影子，不看不管就可以了，何必耿耿於懷？

你恐懼影子像蛇，怕被它吞噬，於是瘋狂逃跑，但無論你逃到哪裡影子都跟定你，於是膽小的人被自己嚇瘋了，這太滑稽。

影子是你自己的影子，難道它還真能吃你？當然不可能。

因此你不必管影子就可以了，任其自然。

你只需要享受陽光，做自己喜歡做的事，這多好。

死亡就是影子，生命就是陽光，你只需要熱愛陽光，淡化影子的位置，就可以青春永駐。

但你又說，即使我不管自身的影子，但外部的黑暗卻不能視而不見，因為它是如此巨大，彷彿充滿一切。「我真的很怕黑……」

但我告訴你，黑暗是不可怕的。因為黑暗並不黑。

「在沒有光明的地方，黑暗也是一盞明燈。」

正是如此，黑暗是一盞燈，而不是燈後的黑暗。

一切有為法，應作如是觀。

光明是燈，黑暗是燈，這樣我們被兩盞燈照耀。

同樣地，生是燈，死也是燈，我們還不能明白嗎？那邊原本就很美好。

但我們不會因彼岸的美好而忽略此岸的美好，我們兩面都要美好，朝陽與落日都是好的。

光明者的黑暗是一盞燈。

義人的死亡必能復活。

這樣，我們就可以戰勝黑暗與死亡，與它們心平氣和交朋友，不但可以長壽，並且必因一顆善心而得永生。有以下幾個「不」字，相輔相成：

不生不死。不淨不垢。不增不減。

莊子講了一個故事《病了就睡覺》：

子杞、子輿、子犁、子來是好朋友。一次子輿生病了，腰彎背駝，五臟穴口朝上，肩膀高過頭頂，頸椎朝天隆起，可是子輿卻很閑適，若無其事。

子杞來看他，說：「你嫌惡你自己嗎？」

子輿說：「不，我安心適時，順應變化。」

不久子來也病了，喘著粗氣將要死去，妻兒圍在床前哭泣，子犁去看他，說：「去，走開，不要驚擾了由生到死的過程。」

他對子來說：「造物主會把你變成老鼠的肝，還是小蟲的肢體？」

子來說：「我把生看作是好事，也把死看成好事。」

他說完酣然睡去，又自在醒來。

子輿、子來無疑都是智者，他們明白自己面臨的最大問題並不是生病或死亡，而是對自己信念的動搖。如果自己不動搖，那麼沒有什麼能動搖我們。耶穌也不能避免自己上十字架，但他知道自己必因信心而復活。他果然復活了。

關於生死，莊子說：「善吾生者，乃所以善吾死也。」也就是「善生善死」的意思。有道之人不但會生，還會死。很多人連死都不會，這是不划算的。會死的人，死得放心，甚至死得甜蜜，不會死的人死得痛苦，受盡折磨。

一切都是你的心造成的。你想做什麼人，你就會是什麼人。是你決定了自己的生死，生命是你自己的，不能推諉別人。

莊子講了一個故事：

子桑戶、孟子反、子琴張三人是好朋友。子桑戶死了，孔子派子貢去幫忙料理喪事。子貢看見孟子反和子琴張兩人，一個在編歌曲，一個在彈琴。

子貢問道：「對著屍體歌唱，合乎禮儀嗎？」

二人相視笑了笑說：「他哪裡懂得禮的真正含義。」

子貢把所見告訴孔子。孔子說：「他們是擺脫禮儀約束而遊於人世之外的人，因而不拘禮節。」子琴張和孟子反是對的，他們以無禮的形式表達了自己對生命的讚禮。

耶穌上十字架後，三日又復活。

莊子也有類似復活的看法，他說：「一受其成形，不化以待盡。」「不化」就是不死，「待盡」，就是等待末日降臨。莊子又說：「萬世之後而一遇大聖，知其解者，是旦暮遇之也。」要萬世之後才復活，一旦復活，就可以朝夕相處。

莊子指出，死亡是新生命的開始，如大樹死亡，又發新芽。因此逍遙遊雖然不一定能在生前實現，但必定以某個方式最終實現。

◎兩道門

有個人走到一個地方，看見兩道門。左邊一道門上貼著兩個字「生門」，右邊一道門上貼著兩個字「死門」。他想：「我應該打開哪道門呢？」

他推想如下——如果「生門」真是生門，就不會故意貼上這兩個字了，可見是個騙局。如果這樣，另一扇門也是騙局了，因為真正的死門不會貼上「死門」這兩個字。

但是，它們為什麼要故意這樣呢？不這樣豈非更方便，不用貼「死門」兩個字，更容易把人引到死門來。這樣看來，它們真地沒說謊，「生門」就是生門，「死門」就是死門。

但是他又想：如果「生門」真的是生門，怎麼不見有人去了又回來？可見「生門」、「死門」全是死門。於是他準備一道門都不打開，就此轉身回去。

但是就在這時，他聽見了有人敲門！他仔細一聽，原來是兩道門的背後有人在敲門。他原以為自己在外面，現在看來卻是在裡面了。

原來我已經進來了！但是他又清楚地知道自己並沒有進任何一道門。那敲門聲很急，並且是兩道門同時在敲響。莫非有人回來了，而且兩道門都是生門？但敲門的很可能是魔鬼……

他站在兩道門前猶豫著，不敢亂動，因為站得太久太久，就這樣，他在門前慢慢死去了。

找到自己正確的位置

能不龜手一也，或以封，或不免於洴澼，則所用之異也。

一種才具，有用和無用，還得看在誰的手中。能用才的，無用可變為有用；不能用才的，有用也是無用。

一種不會凍裂手的藥方。

有人能靠它得到封地，有的人卻總不能從洗絲絮中擺脫出來，就是用法不同的原因啊！

人自己就如同這個藥方，就看你用在什麼地方？是不是用對地方？其所產生出的結果自然也就不一樣囉！

人才是一種存在，也是一種評價。人才是相對於平常群眾而言的，也是對人事功業而言的。

人才，用與不用都是人才。但，用才就是濟世之才，不用就是獨善之才。

然而，人才本身是一個世界，一個同化於天地的自然世界；因而，用與不用，是一份事實，也是在一心理解。理解不同，因而有用與不用之不同。這是眼光，也是尺度，更是心胸、見地、品格。

以此見賢愚乃至不肖，並形成世道人心。

貨賣識家，才能賣出好價錢。一種才藝，為世所用，何嘗不是這樣！

現代社會，中國有一個著名的數學家，大學畢業，分配到中學教數學。天生不是這塊料子，茶壺裡煮餃子，肚子有貨倒不出來。數學教得一塌糊塗，自己也感到這日子愈混愈沒混頭，是他老師瞭解他，把他調回大學，專搞數學研究。後來研究「哥德巴赫猜想」，其成果轟動世界。

還有一個古老的故事：和氏璧。

楚國有個叫卞和的人，在大山裡得到一塊玉石，獻給楚厲王，厲王派專家去鑑定，專家不識貨，說不是玉。厲王大怒，說卞和欺君，砍去了他的左腳。厲王死後，武王登位，卞和又獻上玉石，武王也認為他欺君，又砍去了他的右腳。直到楚文王即位，卞和抱著玉石在荊山下痛哭，楚文王便派人去問原因。卞和說：我不是為我失去了雙腳而悲哀，我是悲哀寶玉被人說成是石頭，忠貞的人被誣陷為說謊者，天下之大竟沒有識貨的人。

文王便派人把玉石外面的石頭鑿去，加工出來的果然是塊價值連城的美玉。這玉又加工成璧，稱為和氏璧。

某日莊子閒暇無事，他的好朋友，梁國的宰相惠施也得閒空，二人湊到一起，談一些人生在世的道理，也談了一個同類的問題。

惠子對莊子說：「魏王送給我一些大葫蘆種子。我就把它種下了，後來結出的葫蘆足以裝下五石穀子，真是夠大的了，人們都不曾見過。然而這葫蘆卻又沒什麼用。用它作水具裝水吧，那葫蘆外殼又不堅固，一提舉葫蘆就破了。把它鋸開做水瓢舀水，卻沒有一口水缸能把這水瓢放進去。」

「看來，這葫蘆是不能派用場了，我就把它打破了。」

莊子卻搖搖頭，講出另一番道理。

「您老先生實在不會用大物件了！宋國有個人會配製凍瘡膏，他家世代都靠漂洗絲絮為職業。有一位客人聽說宋國這個人有這麼個秘方，就上門請求用一百斤金子來購買他的藥方。

「宋國這人就和家人商議：我家世世代代漂洗絲絮，只不過賺得幾兩金子，現在賣出秘方，一下可得一百斤金子，何樂而不為。就賣給那位客人了。

「那客人得了這藥方，就拿著這藥方去遊說吳王，說它在軍事上用途如何如何的巨大。那時正好碰上越國興兵侵犯吳國，當時天寒地凍，吳王就派那客人率領軍隊迎敵。因為是水戰，那客人就給士兵都配帶防凍藥物。結果，吳軍將士凍而不傷，終於打敗了滿手腳凍瘡的越軍。為獎賞客人，吳王劃分土地封賞了這位客人。」

「防凍藥方能防止凍傷手腳，在誰的手中都一樣。有的人能因它割地封官，有的人卻總不能從漂洗絲絮中擺脫出來，這就是用法的問題了。現在你有五石容量大的葫蘆，為什麼不掏空它作渡船，然後坐上這條奇特的船，到五湖四海去遊玩呢？卻偏要憂慮它，大而無用，可見老先生真是有點不開竅哩！」

一種才具，有用和無用，還得看在誰的手中。能用才的，無用可變為有用；不能用才的，有用也是無用。

這是一種情況，還有真正一無所取、確實無用的才具，莊子認為，那更是大用材。這問題也是惠施提出來的。

惠施告訴莊子說，他有一棵臭椿樹。這棵臭椿樹呀，雖然又高又粗，卻渾身長滿疙瘩，怎麼看，都不符合木匠繩墨的要求，取不下又長又直的材料。它的樹枝也派不上用處，彎彎曲曲，按規矩來取材，又很難取得圓或方的木材。所以這棵臭椿樹，雖然長在大路邊上，木匠們閉著眼都會碰到它；但懂行的木匠師傅們，卻連看都不看它一眼。

講了這些，惠施就批評莊子說：「眼下你的言論，實在空洞得很，聽起來像有道理，但一點都不實用，所以大家都鄙棄你。」

莊子立即糾正惠施。那大臭椿樹怎麼沒用呢？把它種植在寂靜無為的土地上，身後是廣闊無邊的曠野，然而自己反背著手，無憂無慮地在樹底下散步、休息。這樹雖然無用，既作不了棟樑，也作不了家具，甚至小擺設也雕刻不出來，但正是因此，它不會被工匠攔腰砍斷，又免除了被鋸橫豎分割、斧頭左右砍削，別的什麼東西，也不能侵害它。

這樣，它沒有工匠利用之處，但因此保全了自身安然無恙。這比起中途夭折，難道不也是自身賣出了好價錢嗎？

按照莊子這種處世方法，中國有句古話挺有道理，也極辯證。這句話說：籠雞有食湯鍋近，野鶴無糧天地寬。那些為惡人賣力做事的人，雖然看上去是於社會有用，但日子過得提心吊膽，或者表面平安，背後充滿兇險，豈不是很像籠中的雞嗎？像封建時代文武大臣，效忠皇帝，拿著帝王家的俸祿，為官作宦，榮耀得很，真是有大出息，人生派上大用場了。但許多皇帝昏庸無能，無法無天，這樣大臣的性命也就攥在皇帝一人手中了，如籠中的雞並沒有兩樣。

屈原投江、岳飛問斬，世人感嘆；秦檜逞奸，劉瑾弄權，世人仍然感嘆！

感嘆「買貨人」有眼無珠。

相比較，隱士不作官，平民百姓不求功，不求名。沒人發現，也沒人抬舉，平平淡淡過一生。像野鶴一樣在天上飛，像野鶴一樣在地上走。大地生糧食，江河水邊飲。人生來就這樣，本來也該這樣。

生身是父母，生死在自身。

無論大惑或小惑，要心中不被迷惑，那就要明察。

明察自然要有一雙明亮的眼。眼的明亮從哪兒來？人的自身性情。

人只要活著，就會有迷惑發生。

古代人有古代人的迷惑，現代人有現代人的迷惑，或者說現代人比之古代人有更多的迷惑。

現代人，年年有新浪潮，年年有流行色，還有更多的機遇的引誘、功利的蠱惑。這時，個人要選擇，選擇的前提是明察。

莊子他說的明察，不是說要能看到別的什麼，看到身外之物，而是要反觀自身，這就是人自身的性情。

莊子認為不看到自身性情，而只看到別人臉色；不是從自己的性情、智慧，而是在別人的指使、驅趕下奔走。這樣的結果呢，使別人在應得的方面有所得，但不能使自己在應得的方面有所得，使別人得到應有的滿足，但自己應有的需求卻不能滿足。

對於這樣的人呢，不能明察是肯定的了，要不是心靈麻木，睡著了還沒醒，要麼就是壓抑自己的本來願望，屈心抑志遷就現實。不管是哪一種情況，都是對人天然性情的扭曲。

醉心於功名利祿等等身外之物，躬行仁義也說不上是善良；刻意求取多才多藝，也說不上完善與聰明；通曉五音，明辨五味，也說不上明察。

真正的仁義，只是保養自然，善於自得罷了。真正的善良，並非只瞭解仁義，不過是要順應自身的情性發展罷了。

真正的聰穎，不是要只聽別人說什麼，而是要反聽自身罷了。

這所有就決定著自身的明察。

懂得明察，懂得人的天然本性的寶貴位置，便知道在現代生活尋找自己的正確位置。

救己良方在心裡

聖人不死，大盜不止。

心裡的目標屬於自己，可不被外人所知；為外人所知的不一定都是必須要做的。

「聖人」是靠掠奪而來的，我們不做聖人。

「做不做聖人」這對一般人根本不是問題，因為一般人資質太淺，知道自己絕對沒有可能做聖人。但是對那些資質很高的天才人物來說，恐怕或多或少都在內心自詡是聖人，給自己披上一層神聖的外衣，戴上一個神聖的光環。

在《逍遙遊》中，聖人，是無為的！

但這樣一來，問題就大了。你要做聖人，但你畢竟還不是聖人，你內心知道自己的平凡與荒唐。但你還是要做聖人，因為你虛偽，渴望被世人崇拜，渴望名氣大得蓋過天，渴望自己的思想被所有人接受並使用，你慷慨，免費為世人傳道傳福音，認為自己不是王者，勝似王者，比一切王者更有權柄與威名。

為此你藐視王者，自居為世人唯一的真正導師，你的全身都智慧，你的每句話都偉大，你還沒死就被奉為偶像，你還活著就變為傳說。

這一切榮耀、光芒從何而來？掠奪。

就像西方國家掠奪世界資源而成為「文明世界」一樣，天才掠奪智慧成為聖人。但這種掠奪是不義的，你必因掠奪造成的虧欠而遭輪迴，必遭被掠奪者報復。

這種報復是如此巨大，你以為只掠奪了一樣，其實你驚動了一大片，破壞了整個系統，因此要被這個系統背後的支撐者打擊。

這個支撐者就是自然。

自然最公平，絕不做剜肉補瘡的事，它就像一個俠盜，劫富濟貧均天下。

但自然雖為盜，人卻不可為盜，人與自然相爭，當然要被無情打擊。

掠奪者必因掠奪外物而受懲罰，他會很快發現原來他掠奪的是自己的生命，強盜多暴死，天才多短命，就是這個原因。

真正的天才都要談出自己。

摩西從西奈山上請回神賜的「十誡」。

「摩西十誡」的重要一誡就是「不可偷盜」。莊子指出，人不應該偷盜，不可盜天而為人，要順天而為人。

有沒有不是天才的聖人？有，嬰兒都是傻傻的，但比聖人還聖人。

每當我看到我家的嬰兒我就從心裡喜悅，這種喜悅遠比面對一切聖人來得自然、來得快。我們只要時刻向嬰兒學習，就可以進入嬰兒境界。

嬰兒有十德，每一德都是聖人境界。

1. 嬰兒不貪心，吃飽就不吃了。

2. 嬰兒不虛偽，想做什麼就做什麼。

3. 嬰兒不好強，比如要什麼東西拿不到最多哭一會兒就算了，絕不耿耿於懷。

4. 嬰兒不忘本，我家的嬰兒幾個月就很有孝心，我餵她水，她也餵我水；我給她吃的，她吃一會兒就從口中掏出來餵我。

5. 嬰兒好看，嬰兒的笑容是世界上最美的笑容，並且對每一個她所喜歡的人都慷慨給予。可別小看這「好看」，好看意味著和諧、完美與充足。《聖經》上說，神創造世界後，「神看世界是好的」。必須好看，才算成功。嬰兒的好看表明了她已完成自我，並且她很滿意自身，並且願意與外界分享。

6. 嬰兒單純，嬰兒的眼睛是世界上最明亮的鏡子，一切醜惡都在嬰兒面前自慚形穢。

7. 嬰兒好學，嬰兒每天都在努力學東西，完全謙心好學，積極向上，從心裡好奇世界、認可世界，願意融入世界。

8. 嬰兒乾淨，嬰兒全身都乾淨，髒了只需要一洗，就香噴噴的。嬰兒身上的清香是世界上最自然的香、最香的香。

9. 嬰兒聰明，嬰兒的心玲瓏剔透，沒有塵垢，所以看什麼都明白。這是一種童心無雜之說，明人李贄發展為「童心說」。即嬰兒以真眼看世，大人則因各種干擾而不能以真眼看世。

10. 嬰兒神奇，嬰兒是整個大自然的寶貝，虎狼不傷。有的被人類拋棄的嬰兒被狼撫養為「狼孩」，這就是很好的證明。

嬰兒有此十德，當然比聖人還聖人。現在我每天面對我的嬰兒，與她一起成長，學了很多東西。還有一條，關鍵的一條，嬰兒不掠奪，但一切都是她的。

有沒有不去掠奪就成了聖人？有的，那就是像嬰兒一樣，自然有甘甜的無窮享受。嬰兒不知道自己是嬰兒，聖人不知道自己是聖人，忘了自己，才能進入聖人境界。

莊子就此講了一個寓言《顏回有進步》：

顏回說：我進步了，我忘掉了仁義。

孔子說：很好，但不夠。

幾天後，顏回說：我又進步了，忘掉了禮樂。

孔子說：很好，但不夠。

又過幾天，顏回說：我又進步了，我坐忘了。
孔子說：何為坐忘？
顏回說：我坐著坐著就把自己忘了。分離了身軀，放棄了智慧，和大道融合為一。
孔子說：你果真成為聖人了，我願跟隨在你後邊，認真學習。
在寓言中，莊子提出了一個著名觀點，那就是「坐忘」。「坐忘」是進入聖人境界的簡易操作模式。所謂「坐忘」，就是坐著坐著就把自己忘了，這多妙，完全是嬰兒。
我家的嬰兒老是坐著發呆，一時之間，她忘記自己是誰，當然也忘記了一切萬物，她根本不知過去未來，就那麼出神地看著自己的手（多好看呀），或看著窗（多美麗呀），太享受了。
「坐忘」還不是逍遙遊，但可以憑此進入逍遙遊。
「坐忘」再進一步就是「心齋」。
「心齋」也是莊子的著名觀點，意思就是以心為祭祀，把自己奉獻給神明。當然不是真正地奉獻，而是通過祭祀接通神明，進入一片安靜的世界。
一定要靜。一定要靜下來。
「靜」是一切修練的大法，切記切記。莊子說：「水靜猶明，何況精神」，就是此意。
忘——靜——遊：這是莊子逍遙遊的三層段。
坐忘就是「忘」，心齋就是「靜」，逍遙遊就是「遊」，這三層段一定要循序漸進，不能亂來。

基點是「忘」，要點是「靜」，焦點是「遊」。

莊子講了一個故事《蒲衣子講道》：

齧缺問王倪，一連四次都得不到回答，齧缺高興得跳躍起來，去蒲衣子那裡把上述情況告訴了他。

蒲衣子說：「你如今知道了嗎？虞舜不如伏羲氏。虞舜心懷仁義以結人心，雖然也能得到百姓擁戴，但還不曾超脫外物的牽累。伏羲睡臥時安穩舒服，醒來時悠閒自在，任人把自己稱為馬，任人把自己稱為牛，他的智慧真實無為，德行真實可信，從不為外物牽累。」

這個故事很有意思，齧缺一連問了四次都沒得到回答，他高興壞了，因為他想得到的就是這個：一切都是沒有答案的，這樣就這樣。

蒲衣子更高，知道伏羲的境界。伏羲的境界也就是「忘」與「靜」。

伏羲忘了人是牛還是馬，此為「忘」。

伏羲安臥於大荒，此為「靜」。

人們常常不理解伏羲為何是聖人，為何能作八卦、智慧惠及後人？其實說白了也就是這兩點。

如果還不能「忘」與「靜」，不妨先追問本源。

莊子講了一個故事《子桑問源》：

子輿和子桑是好朋友。有一回陰雨一連下了十天，子輿擔心子桑餓出病來，就帶飯去給他吃。

來到子桑門前，聽到子桑像在唱歌，又像哭泣，還彈著琴：「父親啊！母親啊！天啊！人啊！」歌聲衰微，歌詞急促。

子輿進門說：「你唱歌怎麼這種調子？」

子桑說：「我在探求使人處於如此困窘的原因，父母要我貧困嗎？天地偏要讓我貧困嗎？我沒有找到原因，然而我到了如此絕境，還是由於『命』啊！」

子桑說是「命」，其實不是命。沒有什麼命，一切都是自找的。善是自求多福，惡是自作自受。一切公平。記住：我們對本源問題不能無限追問下去，否則要陷入各種荒誕。

總之，聖人之心是有限的，他絕不自高自大，目空一切，因此能做無限之事。

聖人不知道自己是聖人，聖人不承認自己是聖人。「不做聖人」，便是有志為聖人者的唯一辦法。為此你還得時刻準備上十字架。聖人是大英雄，不是想做就能做。你要捨得。

但正如我們沒有必要做英雄一樣，也毫無必要做聖人。這並非不能捨得，而是因為我們太捨得，連一切的美名都不佔，一切的美事都不佔，無妄心，無妄行，即是有福。

君子之交淡如水

君子之交淡若水，小人之交甘若醴。

人與人相交，難得的是真。真誠相見、真心相待、真則平淡。懂得這個道理再容易不過，而在別人的熱鬧起哄之中，失卻真、忘掉真、迷於假、戀於假，卻更容易。因為熱烈比之平淡更打動人。

人與人相交，難得的是真。真誠相見、真心相待、真則平淡。懂得這個道理再容易不過，而在別人的熱鬧起哄之中，失卻真、忘掉真、迷於假、戀於假，卻更容易。因為熱烈比之平淡更打動人。

孔子曾將這一問題請教隱士子桑——

我兩次被魯國驅逐出境，在宋國受伐樹的懲罰，在衛國被禁止居留，在陳國與蔡國之間遭到人們的圍攻，在東周也找不到出路。我遭了這幾次挫折以後，親戚與好友與我便一天天疏遠了，學生與知交也愈來愈遠離了我，這究竟是為什麼呢？

隱士子桑說：

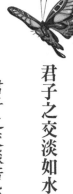

難道你從來沒聽說過殷國人林回逃亡這件事嗎？林回這個人在出逃時，連價值千金的璧玉都丟下了，背起嬰兒就走。有人就說：「你這樣做，是為了得到錢財嗎？嬰兒能值多少錢！是為了減少拖累嗎？嬰兒的累贅可多啦！你拋棄千金之璧，卻帶著個嬰兒去逃難，這究竟為什麼？」

林回就說：「我和那璧玉是以利益相結合的，我和嬰兒卻是天然的聯繫。以利益結合起來的，窮困與災難來時，就互相拋棄了；出自天性聯繫的，臨到大難來時，就會互相關照。互相關照和彼此拋棄比起來，相隔太遠了。並且，君子相交，平淡如同清水；小人相交，甘美如同甜酒。君子相處淡泊就能相親，小人熱火相交也容易翻臉。至於無緣無故自然而然地形成的一種關係，也會無緣無故順其自然地散夥。」

孔子立即恍然，說：「我明白了！」

於是慢慢地走回家，一路上反省自己，進門便決定，停止空洞的學問研究，放下沒有用的書本，跟弟子們相處，再不要他們打恭作揖。這樣一來，師生們的感情反倒更加真摯、深厚了。

某一天，子桑告訴孔子，舜帝臨死前告誡大禹王說：「你要謹慎啊！態度要隨和，感情要率真。隨和就會不離失物情，感情率真了，就不會勞累神思。不失物情，不勞神思，就無須再用什麼繁文縟節來修飾自己了。而一個不尚矯飾的人，本來就是有力量的。」

與同事相處，太遠了，人家會認為你不合群、孤僻；太近了也不好，容易讓別人說閒話，而且也容易誤解你在搞小圈子。所以說，不即不離、不遠不近的同事關係，才是最難得的和最理想的。

「道」—在日常實踐之中領悟

語道而非其序者，非其道也；語道而非其道者，安取道！

道在實踐中，道無所不在，道變化無窮。所以要做一個事業成功的人，一個大智大慧的人，一個一生吉祥如意的人，不能不領悟道。

莊子說：談論大道卻非議大道安排下的秩序的人，這就不是真正在尊崇大道；談論大道卻非議體悟大道的人，怎麼能真正獲得大道！

道是可以說出來的，但說出來的道，已經不是實際存在於事物中的道了。那怎樣說才清楚地把道的樣子說出來了呢？語言是無力的，行為與事實中卻有真正的道。

小孩扯一片樹葉，捲成一個小筒子，做一個葉笛，放在嘴裡吹得嗚嗚——笛笛的響——成功了。小孩作的這個葉笛，符合葉笛之道。

第二次，小孩又作了一個葉笛，塞到嘴裡一吹，只有氣流穿過葉筒，葉笛不響，繼而吹得面紅脖子粗，葉筒仍不響，仍不成為一枚葉笛。這一次小孩未得葉笛之道。

道是什麼，這便可悟出了。所以，道對於事物就是它本來應該的樣子，得到它應該得到的條件、法則。對於萬事萬物就是「各得其所」。

所以，莊子說道雖然說不清楚，深奧沉默就像深淵一樣，但它又清楚明晰如同清澈潺潺的小溪一般在人們面前流淌。鐘磬不得道就不可能鳴響。所以鐘磬能鳴聲，於是敲則響，不敲則不響。這就是鐘磬之道，它是存在著的，不是說明出來的。生命不得道就不能孕育。所以陰陽交合是一回事，生命孕育是另一回事。孕育是存在的，卻是不可描述的。

同樣，世間萬事萬物，感應有方，各存其道，誰又能來一一描述出來呢？

不過，作為人，道的可悟不可說的特點，絲毫不影響人在行動中求取道，在行為上暗合道，做個道德高尚、有才有藝的人。

比如能抱定單純同一的原則與人共處，超脫庸俗瑣屑人事厲害紛爭，讓自己立於自然本性之上。這樣，心情寧靜，智慧之光內照，性靈便與神明相通，德澤便可遍及萬物。這樣，他心神感動，是因為外物求取於他。

所以，對於人，因為有道，生命形體便出生了；對於人，由於道，道德才發揚光大。這樣，保存形體，享盡天年，培養盛德，明瞭大道，不就是一個很完美的人嗎？

這樣人心懷多麼浩大寬廣啊！他並不要求得到什麼，但忽然而起，勃然行動，人們便會立即跟著他行動。這就是道德高尚的人。

道，看起來幽暗模糊，聽起來無聲無息，但他卻可於其中得分曉、知聲息。所以得道者，哪怕是深之又深，他能於其中窺見物象；哪怕是神而又神，他能從中體察出真正的要領所在。

正因為這樣，得道者，他和萬物接觸的時候，雖然他一無所有，卻能供應萬物的需求。儘管他時動時變，但他卻可穩穩當當地把握萬事萬物的結局與歸宿，使大小、長短，遠近，事變中的物物各得其宜，各得其所。

道不是可以說出來的，說出來的道已不是道了。

道應該說是一切存在。然而這依然什麼都沒說出來，人們依然要問——道是什麼？

道是什麼？

道是事物的內部規律，道是人們行為的方法，道是與人相交的技巧，道是揭開事物疑難的奧秘……，道是這些，又遠不止這些。

道是關於天的，道是關於地的，道是關於人的，道是關於宇宙中萬事萬物的。

人生在世，為人有為人之道，經商有經商之道，用兵有用兵之道，為官有為官之道，文章有文章之道……。

人跡所至，道即無所不在。

人人奉道而行事，亦知事中有道，因而，人們做事，不僅用力，並且用心。然而，可意會難言傳的道，大家都努力尋找它，並力圖掌握它。

得道，辦事就成功；得道，平凡人就成了有道德有才幹的君子；得道，就多朋友多幫助；得道，身心健康，益壽延年……。

道，奧妙無窮；道，所在皆是；法，法力無邊。

如此認識道，既不是吹牛，也不是諷刺。擁有先進的現代工業文明的西方人，面對社會與人生煩惱，尋求事業生機時，努力研究東方的「道」就是有力的例證。

莊子是專門研究「道」的大學問家。雖然他說的道、鑽研的道，和我們常人說的道，稍有出入，顯得更神秘，但用在人們的生活、工作實際上，基本還是一個東西。或者，常人所說的道，在莊子那裡充其量只是其大道的一個枝節。

莊子認為，道是真實存在、可以驗證的。這個驗證就是做人成敗與做事的成敗。做一個真的人，就合乎道，做事順利，獲得預想的效果，也就是合乎道。

道可以領會、頓悟、感覺，但不可用語言形容、描繪、介紹。

也就是說，道可意會，難以言傳，可以神會，不可口授。

口授的道，只提供得到道的方向、路徑；語言只能說出道的模糊輪廓，猶如蟬蛻與蟬，影子與人，酒糟與酒。

要想得道，做事合乎道，最重要的是要去做，在實踐中領悟。

比如為官之道，就是要好好去做官。說大公無私、為政清廉、奉公守法、先天下之憂而憂、後天下之樂而樂、禮賢下士、大義滅親等等，這只是說法上的道、觀念上的道。到實際中去，實現好官之道則遠比這繁複得多。最難辨的是人事，最曲折的是人情，自己還有私情。做官之道即在做人之道中。觀念上的為官道理與現實的國法、政令，每一個做官的都瞭解，但在實際中極少人做得好。人情左右禮法，私利壓倒公正。於是，古往今來，作官者多，做好事少，庸官多，壞官多，好官少。也因此，得官道者少，失官道者多。在行為上，將為官之道往背離道的路上推，或者得其皮毛，失其根本。

還比如文章之道。真正會寫文章的人，根本不談文章的寫法、技巧這些所謂文章之道。

所以，魯迅先生尖銳地諷刺有的大學教授，編寫什麼「小說作法」、「文章寫法教程」之類的東西。

凡是道，無論是什麼方面的道，都是和生命感受結合著，在行動創造中自然體現的。「小說寫作技法」「文章技巧」是能教會的嗎？真正的文章之道，只在文章之中，只在文章寫作實踐之中。所以俗話說：「熟讀唐詩三百首，不會吟詩也會謅」。從文章之中領會、體悟，才能得到真正的文章之道。

所以，現在許多人編寫什麼「寫作辭典」、「小說辭典」、「詩歌辭典」等等，似乎是想去教人寫詩、寫小說，還寫什麼的，其實不過哄自己也哄他人。

又如經商之道。大家就想到賺錢，想到一本萬利。但眼裡只有錢的人，未必能賺錢。

經商之道，先是為人之道。說無商不奸，則為商必敗。商道即人道，就是要知人。先是要瞭解人們要什麼，這是行情。

第二是要瞭解貨源。誰的手中有什麼，怎樣出他手入我手，又入他人手，這是人情與物情。

經商求利是目的，經商是人事，又必先取信於人。這又是為人之道。

知道這些並不難，做到這些卻不容易。所以經商之道也在實踐中——其中有哲學的高深，更有用兵的奇譎。

道在實踐中，無所不在，變化無窮。所以要做一個事業成功的人、一個大智大慧的人、一個一生吉祥如意的人，不能不領悟道。

莊子曾描述過神奇的道，把我們帶進遙遠神秘的世界。然而，遙遠的神秘，又聯繫著今天的現實，有助於我們今天去領悟道，去創造今天的成功。

莊子說，上古帝王稀韋氏領悟了道，於是他有力量整頓天地萬物；伏羲得道，便有能力調和陰陽變化；北斗星合乎方位之道，就可永恆出沒，毫無差失地指引方向；日月隱含光明之道，就可永遠高照，規定白天黑夜，一年四季周而復始，秩序井然。

黃帝、炎帝領悟了道，於是創造了華夏的一統文明；西王母掌握了道，就靜居在少廣山上，沒有人能瞭解她的開頭，也沒人知道她的終結；彭祖明白了道，就能從有虞時代一直活到春秋五霸時期，長壽八百餘年；傅說本是奴隸，得了道，智慧超人，輔佐武丁，總攬天下大權，一舉統一天下。

莊子說的這些，除了西王母和彭祖不好想像外，其餘無論自然，還是人類，都與我們現在人掌握事理奧妙，求得做人做事相關聯，有借鑒意義。

從莊子的話看，或是我們在生活習慣中說的道，都存在著才與德的問題，或者天地萬物的道，就體現在人的德與才上。或者人的才德修養好就接近天地萬物的道。

既如此，為了人生事業成功，道可以學習嗎？

莊子認為不可以，他舉了一個益壽延年的例子。

一個叫女偶的女人，年紀很大，卻面色如孩童一般，南郭子綦便要求向她學全生之道。她就說學不到。

首先，學道必須是學道的那種人。

第二，得道不要指望別人一席話就告訴你了。別人告訴你的道，其實是他自己的道，再說語言和事實又隔一層。他從實踐經驗中悟出的道，生動活潑，經他一總結、一概括已經變成幾條死板的條文了，甚至說得完全走了樣。如前面說的，他最多給人指了個路兒。

第三，重要的是人自己去做，去實踐、去感受、去體悟。所以得道叫悟道。

成功是個人的，每一次成功都是唯一的，只可不斷創造又一次，卻不可重複這一次。但這都在道中，也都在不斷的悟中。故此，只能說道在萬化中。何為萬化？天也、地也、人也；可知的、不可知的；已然的、未然的，一切之一切也。

說到這裡，還要說明一層意思，作為一的道，至真至純至美至善，或者說它就是虛無，但作為二的道，其中便有是非，有正邪了，正如一副對聯說的——

胎生卵生濕生化生生生不息

天道地道人道鬼道道道無窮

知此，便又見生有取捨，死有榮辱。

天性能讓人渾身鬆爽

無勞汝形，無搖汝精，乃可以長生。

假裝著做一種什麼樣的人，最後會把自己變成「四不像」，真真實實的一個你，會在周圍人中大增可信度。

生存很辛苦，誘惑很甜蜜，很多人因此被毀。我們應該拒絕各種誘惑，保全天性，不自毀。催生者必催死，因此人生當以自然態度為上。

人性受之於天，謂之天性。有天性就有人性，有人性就可以把人做好。我們常覺種種不爽，是因為天性喪失。如果覺得極其不爽，那就要當心了，恐怕你的天性喪失殆盡，天必亡之。

天性喪失有兩種情況：

一種是自己沒把好關，做人沒有底線，自己交出大片國土，最終全面淪陷。淪陷後也可以收復故土，但代價太大。

天性喪失的另一種情況是被逼喪失，因為外敵太強大了，無法存身。但根本不存在這種情況。

第一，沒有絕對的強與弱；第二，你不願意做的事沒人逼得了你。

由此看來，一切都是自找的。天性喪失是自己做的蠢事，與人何關？

莊子講了一個寓言《馬是怎樣被毀的》：

馬的蹄子可以踐踏霜雪，毛可以抵禦風寒。它喝泉水吃青草，翹足跳躍，此乃馬的天性。後來所謂「伯樂」出現，用剪刀剪馬鬃，鑿削馬蹄，烙上印記，烙首絆腳把馬拴起來，驅入馬槽，使馬死掉十分之二、三，然後又餓著牠，渴著牠，驅馳、奔跑、訓練、修飾、加以皮鞭和竹條的威脅，馬已死了大半。

在這裡，我要批判的並不是毀掉了千里馬天性的該死的伯樂，而是要批判千里馬自身。千里馬者，烈馬也。如果牠不肯就範，誰能制之？是牠自己甘於臣服，只有蠻力，沒有慧眼，看不出人的誘惑背後是可怕的陷阱，它乖乖地把自己交出去，最後從烈馬變良馬，喪失了天性。

生存很辛苦，誘惑很甜蜜，很多人因此被各種誘惑毀掉得一塌糊塗。

我們應該拒絕各種誘惑，只要挺過去，必將獲得人生更大的甜蜜與幸福。

如果有人給你金錢、美女、香車、寶馬，與別墅官爵，你不可受之。因為催生者必催死。

莊子講了一個寓言《黃帝問道》，對這個問題有極好的詮釋：

黃帝聽說廣成子居住在空同山上，特地去看他，說：「我想獲取天地精華來幫助五穀生長，來養育百姓，我又想主宰陰陽來順應萬物，怎麼樣？」

廣成子說：「你所要的是萬事萬物的根本，所要管理的是萬事萬物的殘渣，怎能談『道』呢？」

黃帝退回，棄置政事，築起一間僻靜的小屋，鋪著白茅獨居了三個月，再去求廣成子，問：「聽說先生明達『至道』，請問，怎樣修身才能長久？」

廣成子說：「保持寧寂清靜。無勞汝形，無搖汝精，乃可以長生。我幫你達到最光明境地，直達『至陽』的本原，天地各司其職，萬物自然昌盛。」

黃帝乃是中華人文始祖，功莫大焉。但黃帝一生好殺，與炎帝、與蚩尤、與三苗皆殘殺不已，大傷元氣。黃帝自己也殺煩了，想解脫，就向廣成子問道，於是有了上面所引的一段著名故事。廣成子這段話中最著名的一句就是「無勞汝形，無搖汝精，乃可以長生。」這句話被後世道家、神仙家、養生家、醫家、武學家與哲人奉為至理名言，而常為文士與兵家、法家所忽略，所以文士與兵家、法家多夭折。

「無勞汝形」，指不要太勞累身體。多勞必死。窮苦人與運動員容易猝死，原因就是體力透支，辛勞過度。

「無搖汝精」，指不要動搖精氣，要固精正氣，才合於自然之道。

黃帝受教於廣成子後，大徹大悟，放下屠刀，造福於民，又自身修練自然之道，乃鼎成龍飛，成為仙人。黃帝早年好殺，晚年主張「無事」，與後世老子的「無為」之說頗近，因此被後人共尊為「黃老之道」。

莊子乃是黃帝、老子的傳人，莊子的「逍遙遊」是對黃帝「飛升」之術的很好繼承與再闡述。《史記．孝武本紀》所載黃帝飛升的詳情是：

黃帝郊雍上帝，宿三月。鬼臾區號大鴻，死葬雍，故鴻塚是也。其後黃帝接萬靈明廷，明廷者，甘泉也。所謂寒門者，谷口也。黃帝採首山銅，鑄鼎於荊山下。鼎既成，有龍垂鬍髯下迎黃帝。黃帝上騎，群臣後宮從上龍七十餘人，龍乃上去。

透過這段文字，我們看出黃帝飛升的關鍵是攀龍髯而上升，也就是藉助龍力。黃帝本不能飛，龍卻能飛，黃帝以龍為坐騎，於是飛出雲霄。

黃帝飛升靠的是龍，這與《莊子》講的鯤化為鵬靠的是風原理相同，都有所待。所待何物？待天時也。

我們保全了天性，就是得了天道，再加上天時，就可以逍遙遊。

事事都有度，過猶不及

形勞而不休則弊，精用而不已則勞，勞則竭。

要做好一件事情，最好就是把事做到完美，所謂「完美」就是「合乎中庸」，不「多」也不「少」，這樣就是好了。

形體勞累而不休息那麼就會疲乏不堪，精力使用過度而不止歇那麼就會元氣勞損，元氣勞損就會精力枯竭。

人歡喜過度了，便會陽氣偏旺；憤怒過度了，便會陰氣過盛。如果陰陽二氣都漲起來了，人體必受傷害。這就是陰陽失調，人體平衡被打破，生物鐘被打亂。

人們高興或者發怒，一旦失去常態，生活也便失去常規，思考問題便會不得要領，失之偏頗，辦事也會一意孤行，不成體統。在這種情勢下，人們便會有奸險、狡猾、孤僻、猛悍等表現，進一步人群便會發生分裂，出現好人、賢人，也出現惡人與強盜。好人、賢人不斷發展善良、仁德，惡人、大盜不斷作惡、使壞，於是日子一天天如流水，善與惡，好與壞，真誠與偽善的較量，也便道高一尺，魔高一丈。

於是，天下人奮起去懲治壞蛋，不是力量不夠，就是不能除惡務盡。從夏、商、周以下，歲月流年，人們吵吵鬧鬧，以賞罰為能事，哪裡還有時間讓自己的本性得安寧呢？適度也就無從說起了。然而，適度又是不能不注意的事情！

你喜歡眼光明亮，這樣過了頭，就會沉溺於色彩，追求華麗。你要求耳朵清楚，這樣走過頭，就會迷惑於音樂，追求空洞不實的東西。

你喜歡仁，過分苛求，就會與人們的日常習慣發生衝突。你喜歡義，不顧常情，就要違背事物的常理。你講究禮節、儀式，就容易犯虛偽造作的毛病。

你喜歡音樂、文藝，就會有邪淫的聲音充斥你的耳朵、邪淫的心思縈繞心頭。

你喜歡聰明、習智，便會助長無用的技藝發展；使人性天然之質受到種種傷害。

這八個方面，好，適度，就是人們與天下的八益，一旦過度，就是人們與社會的八病了。

子貢曾問孔子：顓孫師和卜商二人，誰比較優勝些？孔子則說顓孫師辦事有些過分，卜商辦事有些趕不上。而子貢則理解為顓孫師優勝一些了。孔子的回答卻是：「過分和趕不上同樣都是不好。」

就以上片段看來，一般人也有一個定論，就是做事過分的總比做得不足的來得好。中國人有句話說，「禮多人不怪」，也是認為「多」比「少」好。做「多」了，別人是不會見怪的，做「少」了，就會被人責怪，認為你不夠誠意。究竟做得「多」和「少」是誰好些，還是兩者都不好呢？

中國人看重勤，認為勤是美德，因此，如果一個人樣樣事都做到加倍的勤，結果雖不免過分了點，但這種「過分」往往會受到讚賞。

這究竟是否正確呢？當然不是了。

如果一個運動員，每天的操練都不按部就班，每天也是「過分」的話，很可能他會拉傷筋骨，對自己的身體造成傷害，導致自己的運動員生涯就此結束，這樣是好嗎？況且中國人也有一句「物極必反」，凡事做到了極限必會有反效果，可見做得過分實是件不好的事。

至於「不及」方面，就不需要多加解釋了。凡事都做不到要求，當然被視為不好，更會被認為力有不逮，甚至是懶惰。例如燒飯的時候要用七十毫升的水，但你卻用了五十毫升的水燒飯，結果當然是難以入口的了。

總括而言，正如孔子所說，過分與不及也是不好的——「過猶不及」，要做好一件事情，最好就是把事做到完美，所謂「完美」就是「合乎中庸」，不「多」也不「少」，這樣就是好了。

諸如，我們不是反對人追求，追求也要有度，過了則為貪；也不是反對什麼事都不動心，而是不要人心有「掛礙」。因為有貪就瞎；有掛礙就滯。貪婪必然導致「我執」，一執著，就易導致心靈的「掛礙」和「滯」。

我們要勇於抵擋誘惑，敢於放棄非分之利益，貪小失大，後果必然可悲。應該學習達者，他們對不屬於自己的東西絕不貪圖，甚至對自己能得到的東西，有時也謹慎地推託。

我們應戒除任何貪念。這些貪念不僅包括功名利祿。如果我們都做到這個守則的要求，就已經是相當高的境界了。

用平常心來做非常事

吾生也有涯，而知也無涯。以有涯隨無涯，殆矣。

貪大求快的事，皆為急性子，這種人最容易竹籃子打水一場空。學會用平常心做平常事，表面不慍不火，實際後勁十足。

不追求神奇。有限勝無限，平常勝非常。人一旦甘於平淡，就會活出真滋味來，離逍遙不遠，許多非常之事水到渠成。

莊子曾經做過漆園吏，只是個小官。但莊子志在逍遙，不因做小官而氣短，用非常心做平常事。辭官後，莊子到處遊歷，求教於高人。《史記》上說莊子是梁惠王時的人，正好與孟子同時代。就像道家的第一代宗師老子與儒家的第一代宗師孔子是朋友一樣（當然老子也是孔子的老師），作為道家第二代宗師的莊子與作為儒家第二代宗師的孟子可能見過面是朋友。

莊子與孟子有很多相同之處，尤其相同的是兩人都很驕傲，不為君王折腰，無論修什麼，修到一定境界都是傲視王侯的。

莊子先是用非常心做平常事，然後用平常心來做非常事。

「用非常心做平常事」時，是從平凡上見功夫，立求不凡。

「用平常心做非常事」時，人本身已是不凡，沒有必要再刻意神奇了，這時保持一顆平常心，將有更大境界。

逍遙遊很神奇，但也建立在平凡的基礎上。

大鵬鳥不能生下來就做大鵬鳥，它必須先做魚。而且不能一上來就做大魚，也只能做平凡的小魚。它必須習慣平凡、耐得寂寞，才能徐徐做大，由小魚長成大魚，又從大魚變成大鳥，自由翱翔。

如果沒有平常心，鯤就不會從小魚長成大魚。如果沒有非常志，鯤就不會化為鵬。

又有平常心，又有非常志，就能做成非常事。這其中要動用非常道，其中的技術問題請參考拙著《老子處世真經》。

莊子講了個寓言《鴻蒙傳道》：

雲將去東面遊玩，經過神木的枝頭遇見鴻蒙，鴻蒙像小雀一樣跳躍著玩耍。

雲將見此情形，知道遇上了高人，便向鴻蒙請教：「天氣不和諧，地氣鬱結了，四時變化不合節令，我想融合天氣的精華來養育萬物，應該怎麼辦？」鴻蒙不回答。

又過三年，雲將又向東遊玩，經過宋國的原野，又遇上鴻蒙。

雲將高興極了，叩頭行禮，想聽鴻蒙的指點。

鴻蒙說：「自在遨遊，隨心所欲，不擾亂自然常規，不違背事物真情。摒棄思慮，清心靜神，順應自然無為，萬物就會自化，把倫理和萬物一併忘掉，和混混茫茫的自然之氣相合為一。」雲將叩頭於地，拜畢告辭而去。

鴻蒙向雲將傳的道很奇妙，但說來說去也就是那兩個字：「平常。」

人們常常討厭談常識，以為除了常識之外還另有玄關。其實哪有什麼玄關，一切都不過常識。玩得轉常識，你就是高人。

保持一顆平常心，你就會很神奇。

以為自己很不一般的人太一般，說自己很一般的人往往不一般。

莊子說：「吾生也有涯，而知也無涯。以有涯隨無涯，殆矣。」莊子這句著名的話除了具有「有限勝無限」的寓意外，還有另外一個意思：不追求神奇。

無涯境界是令人神往的，全知之人多麼神奇。但這是虛構的境界，不會有什麼全知的人。如果他是全知的，我們就問他：

「你既然是全知的，那麼你知道自己的無知嗎？」

無論他說「是」與「否」，都會陷入尷尬境地。

正如不存在無涯一樣，一切原本有限，原本平常。一顆流星很神奇，看三天三夜的流星雨你就索然無趣了。

有限的生命，無限的苦惱，何必？

有限的生命，有限的苦惱，多好。

有限勝無限，平常勝非常。人一旦甘於平淡，就會活出真滋味來，離逍遙不遠。

施予別人別奢求回報

施於人而不忘，非天布也。

別苟求自己，別苟求他人，榮華富貴亦如過眼雲煙，生不帶來死不帶去，瞬間生命何其寶貴，開開心心過好每一天、每一分、每一秒，享受生活、享受愛情、享受生命，讓生命綻放出最奪目的光彩，讓人生擁有最幸福的時光才是生命的真諦。

莊子說：施與別人恩惠卻總忘不了讓人回報，遠不是自然對普天之下廣泛而無私的賜予。

生活中，有的人付出大於回報，有的人付出卻低於回報，但九十九％的人都會認為自己的付出大於所得的回報。曾有一位管理學家告誡人們：「疲於奔波生活著的人呀，別一味奢求大於或等於你付出的回報，那是不可能的！」確實言之有理。

你可以付出多，但你不要企盼付出就應回報很多。

有這樣一個故事：

從前有一個仗義的人，廣交天下豪傑武夫。臨終前對他兒子講，別看我自小在江湖闖蕩，結交的人如過江之鯽，其實我這一生就交了一個半朋友。

兒子納悶不已。他的父親就貼在他的耳朵邊交代一番，然後對他說，你按我說的去見見我的這一個半朋友，朋友的要義你自然就會懂得。

兒子先去了他父親認定的「一個朋友」那裡，對他說：「我是某某的兒子，現在正被朝廷追殺，情急之下投身你處，希望予以搭救！」這人一聽，容不得思索，趕快叫來自己的兒子，喝令兒子速速將衣服換下，穿在了眼前這個並不相識的「朝廷要犯」身上，而自己兒子卻穿上了「朝廷要犯」的衣服。

兒子明白了：在你生死攸關時刻，那個能為你肝膽相照、甚至不惜割捨自己親生骨肉搭救你的人，可以稱作你的一個朋友。這就是「一個朋友」的選擇。

兒子又去了他父親說的「半個朋友」那裡。把同樣的話敘說了一遍。這「半個朋友」聽了，對眼前這個求救的「朝廷要犯」說：「孩子，這等大事我可救不了你，我這裡給你足夠的盤纏，你遠走高飛快快逃命，我保證不會向欽官告發。」

兒子明白：在你患難時刻，那個能夠明哲保身、不落井下石加害你的人，也可稱作你的半個朋友。這也是「半個朋友」的選擇。

你可以廣結朋友，也不妨對朋友用心善待，但絕不可以苛求朋友給你同樣回報。善待朋友是一件純粹的快樂的事，其意義也常在如此。如果苛求回報，快樂就大打折扣，而且失望也同時隱伏。畢竟，你待他人好與他人待你好是兩碼事，就像給予與被給予是兩碼事一樣。「愛是唯一的榮光」，這是徐志摩《最後的一天》詩中的句子。

他口中：我的胸膛並不大，決計裝不下整個或部分的宇宙；我的心河也不夠深，常常有露底的憂愁。小小的宇宙亦即愛的宇宙，陸小曼是他小小宇宙的主。有心就有一切，用心就會永遠，愛，被愛，別苛求百分百一等一回報。

對親朋好友熱情友愛，人活於世，難免會有大事小情，不僅多一個朋友多一條路，付出總會有回報，但不必苛求。和睦相處，有一份快樂的心情才是最重要的。

悟出「不經意」的大學問

神動而天隨。

挖空心思琢磨出來的「套路」，不一定靈驗，相反，靈驗恰好是不經意間襲來的靈感。

要放鬆，才能融入環境。要恍惚，不要專注，你才會有「偶得」。這種「偶得」其實是「必得」，是掌握了對「偶得」之物出沒的規律後的必然結果。所謂無意就是無多意，所謂不經意就是不貪心。這樣愈大意就愈有發現，愈粗心愈有大驚喜。

很多人患了強迫症，不但強迫別人，也強迫自己，結果到處不討好。並且自己給自己過不去，太累了。

強迫是無用的，刻意做事境界不高。很多東西只有順其自然，才能在不經意間得到。火候未到，功夫未到，你怎麼著急也沒用。不如節約精力，著力於自我的成長。

世界在變化，在你成長的同時，原來的一些難事已經自我瓦解得差不多了，你再從節骨眼上下力，自然可以攻破。

從前有個青年喜歡一個小姑娘，可是人家還很小，還在上中學。青年癡心一片，不停追求，結果自然是毫無結果，反而討人厭，又耽誤自己的時間。這個青年痛定思痛，決定暫時拋開，等這小姑娘長大了再去求婚，於是埋頭做事業，幾年後，他成了一個成功人士，而當年那個小姑娘也大學畢業了。春節他們相逢於故鄉，終於再續前緣，做了夫妻。

莊子就此講了一個著名的寓言故事《玄珠偶得》：

黃帝在赤水以北遊玩，登崑崙山時遺失了玄珠，派才智超群的智去尋找，但沒找到；派善於明察的離球去尋找也沒找到；派善於聞聲辨言的楔詬去找，仍未找到；於是派恍兮惚兮的象罔去尋找，象罔卻把玄珠找回來了。

黃帝說：「奇怪啊，只有象罔才能夠找回玄珠嗎？」

黃帝丟了玄珠，派聰明人找不到，派眼力好的人找不到，派耳朵好的人也找不到，最後卻被恍兮惚兮、心不在焉的人「象罔」找到了。

這說明了刻意尋求某樣事物是根本無效的，不那麼在意反能與外物合拍，可以看到一些微妙的東西。要放鬆，才能融入環境。

走在黑夜裡你能看見黑車上的黑衣人嗎？你睜大你的黑眼睛找了半天都找不到，最後發現原來坐在你身邊的朋友就是那個黑衣人。這不是笑話，我們常常不見眼前之物，老是投眼十丈外，卻不見眼前。

花花公子老是「碰上」豔遇，殺人慣犯總是「不小心」把人殺死了，小孩子胸前掛的鑰匙常常「不巧」丟掉了，這些偶然的背後全是必然。

順藤摸瓜，藤粗必瓜大。

但如果這根藤是根枯藤，你最好就不要摸了，因為既然是枯藤，恐怕早就瓜熟蒂落，被別人摸去了。同樣地，如果這根藤無限長，你也不要再像拔河一樣往前進軍，因為太長的藤不合常理，藤上必無瓜。不如放棄。

莊子說我們要「神動而天隨」，就是這個道理。尋找一樣東西時我們要神先動（指運用智慧心算目測），身體且穩住。這樣才有勝算，並且不會掉人陷阱。動物性急，常被人誘入深坑。我們難道也要這樣嗎？

不要動。對方自然會動。你不暴露，它必暴露。這樣你就會找到它，而它找不到你。

你要確信，你要找的人、你要做的事正在前方等著你。但不是坐在大路上，而是藏在某個洞穴中。你完全不必每處搜尋，你只需要遲到一會兒，只需要輕輕地走，只需要裝作不在意，對方就會主動落入你眼中，最後落在你手上。

就這麼簡單，就這麼神奇。

莊子講一個故事《許由教堯》：

堯的老師是許由，許由的老師為缺，缺的老師為王倪，王倪的老師為被衣。

堯問許由：「我想借王倪來邀請缺做天子，缺可以做天子嗎？」

許由說：「危險，缺智慧超群，辦事快捷機敏，天賦過人，但卻愛用人為的心智去取代自然規律，他做天子必定憑藉人為摒棄自然，尊崇才智而謀急用，必為瑣事所役使，目不暇接地跟外物應接，他可做百姓的長官而不可做一國的君主，治理天下必定天下大亂。」

故事中的「缺」這個人之所以不適合當天子，就因為他的心不定，老是「目不暇接」地做事，一定會做不好任何一件事。

「目不暇接」是做事之大害，我們要抓住一物，為此可以放棄萬物。目不暇接就會把心搞亂，非智者之道也。

我們說「無意中就把事情做成了」，不是走馬觀花的意思，而是下馬觀花。所觀之花可以有一萬朵，但一定要下馬觀看。這樣，我們走在花園中才能憑感覺找到最美的一朵。

在《小王子》中，小王子在地球上看到有處花園中有一千朵玫瑰，他不禁悵然若失，因為在此之前他只擁有一朵。但小王子深愛那一朵，最終棄萬而得一。如果他想棄一而得萬，就會連一朵也得不到。

所謂無意，就是無多意。所謂不經意，就是不貪心。這樣，愈大意的人就能有所發現，你的粗心會給你帶來大驚喜。

用「擁有」代替「佔有」

倫與物忘，大同乎涬溟。

擁有即此時可屬我，彼時可不屬我；佔有即死死抱住，絕不讓別人碰得半點。兩種觀念，孰為上？

過了「擁有要少要無」的階段，可以擁有多一點。因為你那時已是領頭人物與中心人物，不擁有多一點，就不能帶領萬物前行。注意，是「擁有」，不是「佔有」。

莊子講的「大同」與孔子講的「大同」不一樣，孔子講的「大同」是讓人往前走，最後都到一個地方；而莊子講的大同是讓人就地覺醒，明白大家原都在一個地方。

孔子的手段是「禮」，莊子的手段是「道」。

莊子在《齊物論》中已講過要「與萬物齊一」，在此又講「倫與物忘，大同乎涬溟」，意思是物我兩忘，在自然洪荒中同生同死。既然同生死，就不分彼此，可以擁有多一點。

一個平時節約的人在勤勞致富後可以多花點錢，這是可以理解的。

一個多情公子因為才高八斗贏得眾多女子青睞，他可以多有幾個情人，這是可以理解的。同樣，獲道之人因為與萬物同歸，引領萬物，自然也是可以擁有多一點。

一般來講，我們要講「擁有少一點」好，因為那樣才是清靜無為的做法。但過了這階段後，就可以「擁有多一點」了。因為那時你已經是個領頭人物與中心人物，你不擁有多一點，反而不能帶領萬物前行。

很多時候，我們必須擁有多一點。

多到一定時候，就沒有了。擁有到盡頭，就會失去。有智慧的人不等手上之物被掠奪，就自己先放棄，這樣就不會因失去而痛苦，卻多了一份輕鬆的快感。

落花繽紛，這是對花與樹的雙重解脫。滿樹繁花時，其實樹本身覺得悶，只有等繁花落盡，它才恢復輕鬆的自由之身，同時又期待新的花季降臨……。

如此迴圈不已，莫有其極。所以我們不要做樹，要做花，這樣才瀟灑自在，才能逍遙遊。

可以擁有多一點，關鍵是看怎樣擁有。

注意，是「擁有」，不是「佔有」。

「佔有」是霸道的做法，「擁有」是溫柔的做法。「佔有」很笨重，會傷害人；「擁有」很輕盈，雙方都幸福。

打個比方，齊人有一妻一妾一情人，妻是擁有，妾是既擁有又佔有，情人則完全是佔有，說到底當然是妻子好，因為她不會失去。情人就不同了，她可以做你的情人，也可以做別人的情人。你怕失去她，就拚命佔有，同時拚命討好她，但這都是沒用的。

擁有流星不如擁有星空。

莊子講了一個故事《怎樣擁有多一點》：

堯到華地巡視。華地守護封疆的人祝福他：「祝福聖人長壽！」

堯說：「不要。」

「祝福聖人富有。」「不要。」

「祝福聖人多男孩。」「不要。」

守護封疆的人說：「人們都求長壽、富有、多男孩，你為何不想要？」

堯說：「多男孩就多恐懼，富有則多麻煩，長壽則多辱。」

守護封疆的人說：「天生萬民，自然會授予一定職事，富有使人共用，有何麻煩？天下太平，萬物昌盛很好，長壽厭世可以離開人世而升天，無病、老、死之憂，有何不可？」

守護封疆的人離去時，堯跟在他後面說：「請問該怎麼辦？」

守護封疆的人說：「你回去吧。」

堯擁有天下，擁有很多，他又怕失去，有些想放棄。那守護封疆的人告訴他你可以經由與大家分享而擁有更多，同時不會失去。這多好。好東西愈分享愈多，愈分享愈好。孟子曰：「獨樂樂不若眾樂樂」，說的也是這個意思。

我們開懷大笑時，如果是與一大群朋友在一起笑，就可以笑倒一大片，笑聲多，歡樂多。獨自微笑當然也是一大人生境界，但兩個人一起微笑，那種微妙的快感也是很好的。

多與少是平等的。

有與無是平等的。

莊子講了一個故事《伯成子耕田》：

堯統馭天下，立伯成子為諸侯。堯授位於舜，舜授位於禹，伯成子辭官回家種田，禹前去看他時，伯成子正在田間耕作。

禹上前居於下方，站著問：「堯在位時，先生被立為諸侯，今我在位時先生卻辭官歸隱，請問為何？」

伯成子說：「堯統馭天下，不賞獎百姓自然勤勉，不刑罰百姓自然戒惡，現在你施行賞罰百姓卻不仁愛，刑罰建立，後世禍端卻從此開始，先生怎麼不走開呢，別耽誤我的事。」於是低頭耕種，不管禹了。

不要賞罰別人，你才會擁有更多。堯舜的境界都很高，禹的境界稍為差一點。大禹治水拯救了中國，但大禹也打開了名利的大門，用賞罰等暴力手段治天下，從此生民禁錮，積重難返。這與自然之道背道而馳。如今我們要重返自由，就必須意識到這個問題。

黃帝當年也是用殺伐取天下，後來被廣成子點化，明白要清靜無為，這才開了我中華數千載文明歷史。大禹只學了黃帝的事功，沒有學黃帝的道，所以算不上聖人，離逍遙遊差得太遠。

一切人生而平等，生而自由。這不是誰給的，因為我本來就有。通過先掠奪後解放方式獲得的自由不是真正的自由。

須知：生命高貴。

須知：我本自然。我本自由。

企圖自己自由而讓人不自由的人，必會被自然之道反彈，很快喪失自由。

莊子講了一個故事《不要拘束人》：

魯國國君請教蔣閭菇指導國事，閭菇推辭不掉而告訴他：「為政必須做到恭敬節儉，選拔公正忠直的人而沒有偏私，百姓還有誰敢不和睦。」

閭茹又不知自己說得是否對，便去請教季徹。

季徹俯身大笑說：「偉大的聖主統馭天下，讓百姓的心自由自在不受拘束，使他們的教化各有所成，陋習各有所改，但百姓卻不知道為什麼會這樣。聖人是要百姓同於自然之德而心安，像你說的這些話，對於帝王的德業如同螳臂擋車，必不能勝任，真要這樣便身處高危，朝廷多事，將爭著歸往的人必然很多。」

總述季徹之意，就是希望閭菇也好，魯國國君也好，都不要限制別人的自由，否則不但不會擁有多一點，還會全部失去。季徹的話很準，歷史上的好幾位魯國國君都因嚴刑峻法，被臣民政變暴動殺死，太慘。

我在此說「可以擁有多一點」，是說「可以擁有自己多一點」，而不是「擁有別人多一點」。你自己的東西就夠多了，享之不盡，用之不完，何必他求？

什麼是你自己的東西？問你的心。

記住：是「可以擁有多一點」，不是無限。

安於自己所應達的境界

夫適人之適而不自適其適，雖盜蹠與伯夷，是同為淫僻也。

不能看清自己而只能看清別人，不能安於自得而向別人索求的人，這就是索求別人之所得而不能安於自己所應得的人，也就是貪圖達到別人所達到而不能安於自己所應達到的境界的人。貪圖達到別人所達到而不安於自己所應達到的境界，無論是誰，都同樣是滯亂邪惡的。

認真地做事，自然地做人。不要奢望，不要苛求。

人是有感情的，人是有個性的。因而，人的世界多姿多彩。世界總會接受你的。不是每一個地方都接受你，這個特定的地方，要你自己去找、去碰。此地不留人，自有留人處。一切都在機遇中。

不是每一個漂亮的女人，每個男人都愛；不是每一個醜陋的男人，每個女人都不愛。奇蹟總會發生的，但不會重複。這要看口味是否對上了，機緣是否碰上了。

人生要的就是這個機緣。是你的跑不了，不是你的不可強求，強求必有煩惱纏身；求得不可過多，過多則為貪，貪得必會惹禍上身。

楚昭王被伍子胥打垮，國亡了，王位也丟了，倉皇出逃。宰羊店的老闆屠羊說也跟著昭王出逃。昭王回國復位後，獎賞隨同逃難的人，鼓勵忠誠之士，屠羊說是受賞名單上的一員。

屠羊說覺得不妥當，「大王失去國家，我也失去了殺羊的營生。大王回來，我又重操舊業，生意仍舊興旺，為什麼要獎勵我呢？」

昭王知道屠羊說的意見，便吩咐手下人，強迫屠羊說接受賞賜。

屠羊說掏心裡話說，大王亡國失位，我沒有失職的過錯，要罰，罰不到我的頭上；大王返國復位，我沒有出主意、出力氣，行賞，也賞不到我的頭上。

昭王聽到報告，便下令說：「我要接見他！」

屠羊說接到通知，據理申辯說：「楚國的法制規定，一定要是建立有大功勳的人才能被大王接見。可是我智謀不足以考慮國家大事，勇武不能夠驅除入境敵寇。伍子胥攻陷郢都時，我害怕兵禍而跟隨大王逃難，卻並不是想護衛大王。今天，大王要無視法制規定，打破常規接見我，這不是我希望發生的事。」

來人又將屠羊說的申辯轉告楚昭王，昭王非常感動，對大臣們說：「屠羊說地位很低，但見識深刻，你們可以替我傳話，請他出任三公的職位。」

屠羊說依舊反對。他說：「我很清楚，做官做到三公也就到頂了，比我整日裡守著宰羊店不知高貴到哪裡去了。那優厚的俸祿，比我靠殺幾頭羊賺幾個辛苦錢，也不知豐厚多少。然而君主妄發旨令，我要接受就是貪圖榮華富貴，彼此都壞了名聲，並且這樣後患大得很！我是不能接受三公職位的，還是在我的屠羊店心安理得！」

誰不想功成名就，又有多少人做著美夢，一覺醒來便有享不盡榮華富貴的好運到來？然而，突然飛來的幸運，叫人莫名其妙的欣喜，必然包含突然飛來的橫禍，同樣叫人莫名其妙的憂傷。無論因力氣、因才德，辛苦得來才叫人心裡踏實，日子才過得平安！

魯國國王想學習三皇五帝的學說，從事三皇五帝的事業，敬重賢能之士，親自去做一些實在的事情。想雖然是這樣想的，但魯王又總是憂心忡忡，覺得自己安全沒保障，架子也拉不下來。

楚國賢人熊宜僚來魯國，看穿了魯王的心思，便建議說：「大王去南越吧。那裡的民風古老純樸，人無私心，人們行為舉止很隨意。您去那裡，可以拋棄庸俗的念頭，修成大道。」

魯王著急了：「那兒山高路遠，沒有車船，我可怎麼辦？」

熊宜僚說：「不要以為自己是國王，就放不下架子，也不要安於自己的高位就邁不開腳步。您本人不就是一輛用不壞的車子嗎，您的頭顱是車把式，您的體力是駕車的馬匹，您的雙腳就是車輪。」

魯王又擔心：「那地方很偏遠，又沒什麼人煙，我跟誰作鄰居呢？我沒有糧食、酒肉，吃什麼呢？」

熊宜僚說：「把您的消耗量儘量降低，讓您的慾望和俗念儘量減少，這樣即使您吃了上頓愁下頓，您也會把糠菜當成美餐。要把自己看成一個實實在在的人，既不要自視為王侯，自己嬌貴自己；也不要自卑自己成了平民，看不起自己的貧賤。這樣，富貴的日子能過，貧賤的日子同樣能過。如果富貴不會成為自己驕縱的本錢，那麼貧賤也就不會成為自己生活的負擔。事物發展，此一時，彼一時，本來如此。人才是根本的、永恆的。」

莊子穿著一身補了又補的破衣裳，鞋子也破得套不住腳了，只有扭了一股麻草將鞋子繫在腳上。就這副樣子，莊子去拜訪魏王。

魏王看到莊子的情景，便吃驚地問：「先生為什麼會潦倒成這個樣子呢？」

莊子便糾正道：「是貧窮而不是潦倒。讀書人有事業，有德行，卻實行不了，這就是潦倒。衣服破了，鞋子破了，是貧窮而不是潦倒。這就是常說的不遇時啊。大王難道沒見過那會爬樹，又跳得高的猴子嗎？當它找到了楠竹、楸樹、樟樹等高大林木，便能攀援著樹枝，在林中蕩來蕩去，既愜意又自如，即便后羿和逢蒙這樣古代射手，也不能斜眼看它。這是它遇到適合環境時的情景。等到落到黃桑林、叢生的小棗樹，乃至枳殼、枸杞這類低矮的林木中時，那它就只有小心翼翼地步行，連眼也不敢正視。這並不是它的筋骨變得僵硬，不柔韌靈活了，而是環境不利，不能施展它的技能了。」

莊子說：現如今，處在君上昏庸無道、臣下胡作非為的時代，要想不潦倒，怎麼可能呢？在這方面，比干被剖心便是明證。

比干是什麼人？殷紂王的丞相，因為紂王荒淫作惡，比干多次當眾勸諫他，他惱羞成怒，就找岔子把比干投入監獄，挖比干的心，把比干的身體砍碎。

君無道如此，君子守道也是如此。

所以，自古聖賢皆貧賤。但貧者賤者，聖賢還是聖賢，窮困的只是環境，貧賤的只是衣貌，而精神、骨氣總還是聖，總還是賢。因此，貧賤聖賢，高貴者與之並列，尤覺無尚光榮；無賴帝王，卑賤者與之並列，尤覺恥辱無比。可知君子窮而不倒。

但莊子尚無為，早已超越事業功名，本無潦倒一事。然而世人爾虞我詐，莊子大道不行，那麼莊子又何處救窮呢？

機巧不如藏拙得好

物而不物，故能物物。

假聰明者總讓別人時時從頭到腳感到聰明；真聰明者常常是讓別人怎麼看都看不出聰明人的痕跡，即使用最大勁也是徒勞的。

一個太有心機的人讓人覺得陰險，誰也不喜歡。笨一點，透明一點，就讓人放心一點。

處世乖巧者必是庸人。真正大氣而有大作為的人處事都很笨拙，在家被老婆罵，出門常常坐錯車，辦事老是丟三落四，常被人取笑為大笨蛋，但說來也怪，大笨蛋居然能辦成很多大事，並且人們都喜歡他。這是怎麼回事？

這是因為笨拙者往往做事直奔主題，不取巧，所以有大巧。無鋒芒，所以有大鋒芒。

並且他自己很快樂。別人說他笨，他就以為自己真的很笨，於是傻笑，心裡就更高興了。傻人會傻樂，傻人有傻福。主要就是他的快樂比別人多一點，雖然他比別人可能吃虧得多，但吃虧是福，老吃虧也就不吃虧了，說不定還有賺。主要就是他心中無事，無機巧，不複雜，所以簡單快樂。

莊子講了一個故事：

子貢南遊楚國，經過漢水看見一個老頭取水澆地，用力多而見效少。

子貢說：「你何不用機械，一天可以灌溉一百畝菜畦，用力少而見效多？」

老人面起怒色而譏笑說：「有了機械必出現機巧之類的事，有機巧之類的事必出現機變之類的心思，有機變的心思便不能保全純潔空明，不能定心神，心神不定便不能成道。我並非不知如何取巧，只是感到羞辱而不願去做罷了。」

子貢滿面羞愧，低聲不作答，回去告訴孔子。孔子說：「他們是修習渾沌的道術中人，善於自我修養調理精神，卻不善於治理外部世界，這樣的人你怎麼不感到驚訝呢？」

子貢是個聰明人，很驚訝這老頭何其笨也！居然不知道用機械取水灌園可以灌溉更多。灌園老人是個高人，教訓說天下人都被聰明誤了，因為有了機巧必有機心，勾心鬥角，有何趣味，不如做老實人。

子貢告之孔子，孔子能夠理解灌園老人的話，子貢知道了卻還是不知悔改，後來子貢一味好鬥，終於被人殺掉，真是機心誤了他。

《紅樓夢》裡的王熙鳳也是「聰明反被聰明誤」，也是氣死、累死、病死的。人的機心有限，人與人的鬥爭卻是無限的，你贏了這一回，怎麼能保證永遠都贏？

莊子教我們不要太巧，不要有機心，要笨拙一點，才會享受各種人生樂趣。說白了，一個太有心機的人讓人覺得陰險，誰也不喜歡。你笨一點，就透明一點，透明一點，就開心一點。

莊子講了一個故事《諄芒教苑風》：諄芒向東遊，到海邊遇上苑風。

苑風問：「去哪裡？」

諄芒說：「去大海。」

苑風說：「為何要去大海？」

諄芒說：「大海被百川注入而不溢，又被人們不停舀取而不竭，境界很高，所以我想去遊歷。」

苑風說：「那你不去關心百姓嗎？我希望聽到聖人統馭天下的情況。」諄芒說：「聖人統馭天下，使人人都能看清事情真相而去做自己該做的事，行為和說話人人都能自覺訓化。此為聖治。」

「請說德人。」

諄芒說：「安居無思索，行動無謀略，思想無美醜，得財物而不知從何來，飲食充足而不知從何出，財物共用，利益共得。」

「請說神人。」

諄芒說：「乘駕光輝，不見形跡，一切由著性情，與天地共樂而不為萬事所累。」

諄芒能把聖人、德人、神人三者的境界道出來，說明他已得道，所以棄天下而遠遊。最高的神人境界就是「不累」。

「不累」源於沒有機心。這是我們每個人都知道的。去掉機心，果然快樂。

莊子講了一個故事《赤張滿稽教訓武王》：門無鬼和赤張滿稽看了武王伐紂的部隊，赤張滿稽說：「周武王比不上虞舜，所以天下才有這樣的禍患。」

門無鬼說：「天下太平虞舜才去治理呢？還是天下動亂才去治理呢？」

赤張滿稽說：「天下太平是百姓的心願，何需虞舜為國君？虞舜給人治療頭瘡，禿了頭才裝假髮，如同有了病才去求醫。現在武王反而把沒病的人醫死了，把好頭髮的人治成了禿頭。」

赤張滿稽不但否決了武王，同時也否決了虞舜，因為他們的一切舉動自己以為高明、有意義，其實純屬搞事。

不要搞事。不要搞笑。這樣才能真正搞對。

做人處世要清靜一點、認真一點，仔細想想怎樣才能把自己搞爽，不要以大傷元氣為代價尋求短暫而虛榮的快樂。你要全身心融入自己的人生，全身心熱愛大自然，這樣你就會看著天上的雲也好看，路旁的花花草草一切美好，人生才會幸福。

莊子說：「物而不物，故能物物」，就是說不要老是用機心役使外物為自己服務，你無機心，才會領悟機鋒何在，才能真正控制它們，而不被控制，才會自由。

笨拙一點，再笨拙一點，你就會發現其實你已經擁有。你只需要享受現有一切就夠了，你已有一百萬何必再去爭一分錢？

才德不可貌取

子與我遊於形骸之內，而子索我於形骸之外，不亦過乎？

人們不會在流動的水面上，去映照自己的形象；只有在清澈平靜的水面上才可看清自己的容顏。也只有平靜的心靈才可安定躁動的心緒，這就是做人以靜制動的道理。

魯國有個被砍去一隻腳的王駘，追隨他學習與交遊的學生，同孔子的學生一樣多。

孔子的學生常季子，看到這情景非常奇怪。他問孔子：

「王駘是失去一隻腳的人呀，隨從他學習的門徒弟子，和老師各分魯國一半。這個王駘真怪，站著不教導，坐著不議論，可是求教的雖然腦子空空，到他門下去，卻能夠滿腦子的學問道理地回家；真的有一種不言而喻的教學方法，使人潛移默化，心心相通嗎？王駘這個人到底算個什麼樣的人物呢？」

孔子說：「王駘老先生可算是一個大智大慧通大道的人物啊！我也要去求教他，只是落在你後面罷了。我尚且把他看作老師，何況不如我的人呢！豈止是魯國人，我將引導天下人去向他求教，和他交遊哩。」

常季子說：「他是個被砍去一隻腳的人，竟然使老師也去請教他，說明他比常人要高明多了。如果是這樣，那他修心養性、為人處世的獨特地方是怎樣呢？」

「王駘只是重視修養自己的個人德性，用自然的大道照亮自己樸素的心靈，這樣獨善其身的人，人們為什麼都來尊崇追隨他呢？」

人們不會在流動的水面上，去映照自己的形象；只有在清澈平靜的水面上才可看清自己的容顏。也只有平靜的心靈才可安定躁動的心緒，這就是做人以靜制動的道理。

樹木稟受土地滋養而生長，只有松柏能抵抗嚴寒，四季常青；人類因自然造化而生存，只有堯舜這樣的人獨得天地正氣，成為聖賢。恰恰端正了自己的品性，才成為他人的榜樣。

保持初生嬰兒的天真無邪，才會有無所畏懼的氣概。勇敢的武士，匹馬單槍也敢闖入千軍萬馬之中建功立業。何況洞明世事，看透人情，超越死生的大明白人呢？

王駘的修養很快就要達到人們理想大道的境界，人們總是自覺地學習他這一點，追隨他生命進程的足跡。但他既無私利，也不求功名，做一個自然的人，做一個平凡的人，眾人對他的尊敬，又算什麼呢？那是人家的事，對王駘無所加，也無所減，本來對他不算回事，他也不當一回事。

《莊子》裡還有這樣一段對話：

子產說：「你已經如此形殘體缺，還要跟唐堯爭比善心，你估量你的德行，受過斷足之刑還不足以使你有所反省嗎？」

申徒嘉說：「自個兒陳述或辯解自己的過錯，認為自己不應當形殘體缺的人很多；不陳述或辯解自己的過錯，認為自己不應當形整體全的人很少。懂得事物之無可奈何，安於自己的境遇並視如命運安排的那樣，只有有德的人才能做到這一點。一個人來到世上就像來到善射的后羿張弓搭箭的射程之內，中央的地方也就是最容易中靶的地方，然而卻沒有射中，這就是命。用完整的雙腳笑話我殘缺不全的人很多，我常常臉色陡變怒氣填胸；可是只要來到伯昏無人先生的寓所，我便怒氣消失回到正常的神態。真不知道先生用什麼善道來洗刷我的呢？我跟隨先生十九年了，可是先生從不曾感到我是個斷了腳的人。如今你跟我心靈相通、以德相交，而你卻用外在的形體來要求我，這不又完全錯了嗎？」

子產聽了申徒嘉一席話深感慚愧，臉色頓改而恭敬地說：「您不要再說下去了！」

「人不可貌相，海水不可斗量」。這句話正是說明了不可以只以一個人的相貌來判斷一個人。然而在現實生活中，人們卻常常以貌取人，如果一個人長得漂亮，就會被別人重視；反之，一個人長得醜陋，就會被人嘲笑，受到歧視，這種做法大錯特錯。

在春秋時期的魯國，有一天，誕生了一個嬰兒。這個嬰兒長得奇醜無比：眼睛突出，鼻子翹起，額上還有一塊突起得像小山丘一樣的包。他的父親因此給他起名孔丘。小孔丘因長相難看，經常受到鄰居的冷嘲熱諷。但他並沒有因此而傷心，反而更加用功讀書。後來孔丘終於成了儒家思想的創始人，他的思想影響了兩千多年的中國歷史。

三國時期，有一個人叫做龐統，他也是長得醜陋不堪，但他的才能卻不在諸葛亮之下，被人稱為「鳳雛先生」。當他自薦給孫權時，孫權一見到他那猥瑣的相貌就很不高興，心中已無意用他。龐統再去劉備那裡，劉備一開始也對他不感興趣，後來經諸葛的推薦才被重用。龐統為劉備攻佔西川、建立蜀國立下了汗馬功勞。

孔丘和龐統都長得很醜，但誰說他們沒有「德」、沒有「才」呢？

再說那些相貌堂堂的人都能保證是德才兼備的人嗎？清朝的和可謂是長得英俊瀟灑、一表人才，且能說會道，很快博得了乾隆的歡心，當上了大官。但他本事沒多少，壞水卻有一肚子。在乾隆面前他溜鬚拍馬，背地裡卻貪污受賄。他還大肆搜刮民脂民膏，家產多得富可敵國，成了中國歷史上有名的大貪官，但最後呢？卻落得個被抄家殺頭的下場。

當然世事不是絕對的，不是說醜陋的人一定有「德」有「才」，長得漂亮的人就不是好東西，而是我們在選擇任用人才時不能光以貌取人。只要一個人能有純潔的心靈，有「德」和「才」，那麼他的外貌是美是醜就無足輕重了。

面對游魚重新思考人生

魚不可脫於淵。

「知魚之樂」一語，出自於莊子。莊子想魚的快樂就是他的快樂。這似乎不是正常人的思維，但正因為如此，莊子才有勝人處，心中無礙，天地即我。

人生的麻煩，全是各種禮俗搞的。杜甫詩云：「先王設網罟，作法害殘生」，就是此意。人必須反叛禮俗才能快意人生，否則必作繭自縛，玩火自焚。莊子說：「魚不可脫於淵」，就是講人不可自失本性。

有多少人，滿口仁義道德，一肚子男盜女娼。這就是禽獸行徑了。

中國的這種傳統由來久矣，源於人性古來即有的墮落，原不關提倡「仁義」的孔子什麼事，不關儒家什麼事。「儒教」是西方學者炮製的一門宗教，根本不存在；「禮教」是五四革命家臆想的一種傳統，也根本不存在。只有儒家與儒學是真實的。

鑒於中國數千年傳統中虛偽與兇殘的一面確實與儒家有牽扯不清的關係，我們應該時刻不忘批判儒學。更重要的是：

我們與其清算傳統，不如清算自己的人性。

在每個人的內心，魔鬼在蠢蠢欲動……，這個魔鬼就叫「自以為是」。

莊子講了一個故事《老子教孔子》：

孔子欲把西邊的經書儲藏在周王室，子路出主意說：「聽說王室掌管典籍的史官老子，引退在家，先生想藏書可以請他幫忙。」

孔子前去看望老子，老子對孔子的要求卻不答應，孔子反覆解釋，老聃打斷他的話說：「太冗繁了，只說要點。」

孔子說：「要點在仁義。」

老子問：「仁義是人的本性嗎？」

孔子說：「君子不仁不能成就名聲，不義不足以立身社會。」

老子問：「什麼是仁義。」

孔子說：「中正而和樂外物，兼愛而無偏私便是仁義。」

老子說：「無私就是希望獲得更多人對自己的愛，先生想讓天下的人都失去養育自己的條件嗎？天地常在，日月常明，循自然狀態行事就是最好的了。又何必標榜仁義，豈不是像擊鼓尋找逃跑的人嗎？鼓聲愈大，跑得愈遠，先生莫擾亂了人的本性啊。」

老子的話要點就是希望孔子不要自以為是，提倡「仁義」，因為那樣會擾亂人性。當人性本已微弱時，你還去提那一套，必會搞死一大片。比如一個乞丐餓得已經快要死了，躺在街邊要飯，這時一個人跑過來訓斥他：「請你自愛！講求市容、衛生！」你看，這是人話嗎？

孔子非常好學，當他的政治主張在周遊列國遭到完全破產後，他回到魯國做什麼？修道。另一個故事《老子教士成綺》也是莊子講的：

士成綺遠道而來拜見老子，說：「我旅行百日，腳後跟磨出厚厚的繭，僅為能看見你。見到你才發現你不算聖人。我好不容易從鼠洞裡掏出泥土中剩餘的食物，你卻看輕了並拋棄它，是為不仁；你的粟帛飲食享用不完，然而聚斂仍無限度，此為不義。」

老子冷淡不作回答。

第二天，士成綺再去見老子，說：「昨天我諷刺了你，今天我方才省悟到自己的過錯，為什麼？」

老子說：「我接受外物常常是順其自然，你喊我是牛我就叫牛，喊我是馬我就叫馬。我順應自然接受，並不是要接受才去接受。」

士成綺很羞愧，問道：「怎樣修身？」

老子說：「你的容顏自命不凡，眼睛突出，額頭高舉，口舌誇張，身形巍峨，明察而精審，智巧外露驕恣之態，凡此種種都不可拿來當做人的真實本性。」

故事裡的士成綺開始就拿「仁義」那一套來衡量老子，很快他就發現自己錯了。老子的冷淡態度在告訴他：什麼仁義不仁義，我就是這樣的！這是真實的，士成綺也看出來了，因此他明白自己錯了。這是他的第一次錯。

士成綺的第二次錯在於他向老子請教「修身」。這是荒唐的。因為「修身」是儒家概念的，道家是不修身的，他「修練」，這其中區別大了。但老子寬容，還是告訴了他：你別再修身了，愈修愈壞。

這樣，士成綺的仁義夢在老子面前破產了，但他應該高興才對，因為他還知道尊敬老子，沒有狂到不知死活的地步，因此還可以拋棄虛偽一面，清心寡慾，通過體貼自然而完美自我的人生。

莊子本人也談仁義，但他談的是另一種仁義。

宋的太宰蕩向莊子問仁。

莊子說：「虎與狼也具有仁愛之心。」

太宰蕩說：「怎麼說？」

莊子說：「虎狼也可以父子相親，怎麼不仁呢？」

蕩說：「請問最高境界的仁。」

莊子說：「最高境界的仁就是沒有親。」

太宰蕩說：「無親便無愛，無愛便無孝，最高境界的仁愛就是不孝嗎？」

莊子說：「不是。最高境界的仁應該是尊崇。孝不足以說明它。」莊子講的「仁義」顯然就是自然之道，它不矯飾，絕無虛妄，是怎樣就怎樣。彼此無親，所以彼此相親，這就是最高級別的「仁義」。也即自然之道與自由之道。

人生多麻煩，都是各種禮俗搞的。杜甫詩云：「先王設網罟，作法害殘生。」就是此意。有此覺醒，才有那麼多敢於反叛禮俗的人衝破網罟，過自己的真正生活。

阮籍名句：「禮豈為我輩設也！」嵇康名句：「越名教而任自然！」多爽。

莊子說「魚不可脫於淵」，即言人不可自失本性。

遠離人性缺點，無欲則剛

鄉吾示之以太沖莫勝，是殆見吾衡氣機也。

瞭解人的四害八病，並努力不讓自己染上這種病害，染上了迅速改正，才是一個真正聰明人、受人擁戴的人，才是一個真正的強者。

莊子提倡把陰陽二氣均衡而又和諧的心態顯露給別人，要有內氣持平、相應相稱的生機。而從現實角度來看，只有這種心態，才能營造一個和諧的工作環境，才能使你工作起來如魚得水，應付自如。

趙文王喜歡舞劍，門下劍客三千，每日比賽，每年死於比賽的劍客萬餘人，國力一天不如一天。太子請聖哲莊周勸說趙文王。

趙文王讓劍士比賽了七天，死傷了六十多人後，選出最高強的六名劍客，讓他們捧著劍在殿下等候。然後，趙文王召見莊子前來比劍。

趙文王問莊周：「先生是習慣用長劍，還是習慣用短劍？」

莊周說：「我用劍，長的短的都可以。但是，我有三種劍，由您挑選使用。不過，在試驗以前，請讓我先把這三種劍的功能、特點，一一介紹一下。」

趙文王很感興趣，說：「您說說看。」

莊子便莊重地陳說：「我這三種劍，適合於三種人使用，天子、諸侯、平民百姓。」

趙文王睜大了眼睛；「天子使用的劍，是個什麼樣子？」

莊子神情嚴肅地指出——

天子所用的劍，是用燕國的石城作為劍尖，以齊國的泰山作為劍的刃口，用整個晉國、衛國作劍背。用韓國、魏國作為劍柄。包含四方各民族為統一家庭，順應四季變化治理天下。領土環繞了茫茫的渤海，連綿的山脈是聯絡各地的紐帶。按五行相剋相生的道理建立統治制度，功有賞，罪受罰，道德教化著每一個人民。

這種劍向前刺去，無物敢擋，望空劈下，無物倖存，低者不敢應戰，高者不敢還手。

這種劍一旦用起來，可以匡正民心，降伏諸侯，使天下達到太平。這就是天子之劍。

趙文王聽到這裡，悵然若失，心有不滿足地問：「那諸侯之劍如何呢？」

莊子說——

諸侯的劍，是用智勇之士作為劍的尖端，用清廉之士作為劍的鋒刃，賢良之士是它的劍背，忠貞之士是它的劍環，豪傑之士是它的劍把。

這種劍揮舞劈刺，沒有哪一個敵對生物能倖存。它上則取法天圓來適應日月星辰的光輝照臨，下則取法地方以順應春夏秋冬的時序變遷，中則和諧民意使四方安定太平。

這劍一旦使用，威力像雷霆震盪，四境之內，沒有不納貢稱臣聽從君命的。這就是諸侯的劍呀！

趙文王似有所悟，又問：「普通人的劍又是怎樣呢？」

莊子介紹道——

普通人的劍，就是王公貴人供養的劍士用的那種。這些劍士，頭髮蓬亂，鬢髮突起，帽子低垂，脖子上圍著長纓，上衣前長後短。他們一個個怒目而視，在別人面前刺殺。它砍斷別人的脖子，戳穿對手的胸背。

「這普通人的劍法，比起鬥雞遊戲沒有兩樣，殺戮生靈，對國事實無好處。現在大王擁有建立天子旗號的條件，卻只喜愛普通人的劍擊，我私下認為大王此舉實在不可取。」

趙文王低下了頭，酬謝了莊子後，便閉門思過。

所以，要營造和諧的工作環境，你也要閉門思過，要努力摒棄八病四害的毛病：

瞭解別人不容易，瞭解自己更困難；瞭解了自己，要戰勝自己，更是難上加難。然而，又不能不瞭解人、不能不反觀自己。

概括起來，做人常有八種毛病，做事常有四種禍患。這不能不清醒地意識到，清楚地去發現——

八病：

1. 不是自己分內的事情，卻總想去插一手、露一手，絲毫不管別人需不需要，瞎管閒事。這是表現慾太甚。

2. 別人並不理睬，瘦狗過門檻，嘴向前，不斷地給人出主意、提建議，吵吵嚷嚷。這是管得。

3. 察顏觀色，別人想什麼就說什麼，心裡全無是非公正。

4. 事情發生了，不管青紅皂白，一概說好說對。這是馬屁精。

5. 喜歡在別人背後說壞話，別人的長處看不見，別人的短處誇大起來說。這是放暗箭。

6. 挑撥老朋友的關係，離間親人間的感情，加油添醋，撥弄是非。這是陰心鬼。

7. 讚揚和自己夥同一氣的壞人，中傷與自己不和的好人。這就是奸賊。

8. 不分好人壞人，兩面三刀。對人總是一臉假笑，話語儘量投其所好，暗中卻以滿足自己的私利為原則歪曲事理。這就是陰謀家。

四害是：

一害，好大喜功，盲目衝動。沒有必要地變更合理的行為規矩。違背常情地去改變人們的好習慣。這是昏亂。

二害，自以為才智過人，處事便獨斷專行。不把別人放在眼裡，甚至侵犯、欺凌別人；剛愎自用，無視好人善勸。這是頑固。

三害，明知自己錯了，臭要面子，死不認錯；人家一勸說，惱羞成怒，更加放縱，還要裝出挺能幹、挺認真的樣子。這是兇狠。

四害，和自己相同的人就肯定他們，和自己不同的人，即使做了好事，發表了正確的言論，也要否定，完全按自己的好惡而定。這是偏私。

瞭解人的四害八病，並努力不讓自己染上這種病害，染上了迅速改正，才是一個真正聰明的人，受人擁戴的人，才是一個真正的強者。

如果明知自己有這八病四害，卻盡力掩蓋它，那不過就像害怕自己的影子、討厭自己的腳印一樣，總想遮掩，總想逃避。可以嗎？逃避得愈快，影子更是寸步不離，留在地上的腳印就愈多。如果還認為自己跑得太慢了，更加快速度逃避，到頭來，精疲力竭，終於只是一個懦夫。

不怕迷惑，有大迷惑才有大收穫

處乎無響，行乎無方。

在生活中，經歷大小迷惑都能讓你有大小收穫，沒有迷惑的生活，只是量的迴圈，而不是質的變化。

人應該感謝迷惑的日子，因為它在迷霧裡隱藏著桃花源。只要你順著小溪走，就會發現落英繽紛的桃花林。只要你敢進山進洞，就別有洞天。

每個人都有大惑不解的時候，有些事你想破頭也想不明白，於是你悶了，煩了，心裡堵得慌，發誓不再去見某人，不再做某事，但有些事無法迴避，說不定到了哪天，你又會悲劇重演。為什麼會這樣？

因為你是迷惑的。

你迷惑，是因為觸及了某些事的核心。就像要進入地心必先經過重重地幔，你要解決某些要害問題也不可能繞開層層迷霧。

由此可見，迷惑是正確的，它標誌著你進入了狀態，只要穿過迷霧，你就能著陸，因獲道而獲救，因獲救而獲道，從此進入良性迴圈，每天都是新的、有意思的。

孔子說：「智者不惑。」那麼怎樣才算是「智者」呢？古希臘人將「智者」釋為雄辯師，猶太人將「智者」釋為先知，應該說猶太人的看法比較好。漢字「智」本身已回答了什麼是智。「智」字由兩個字組成，上面是「知」，下面是「日」，合起來就是知天的意思。日者天也。知天就是智。你知道天機，緊跟天時，那麼你就是智慧的，不再迷惑。

有大迷惑才有大收穫；有大迷惑就有大收穫。

人應該感謝迷惑的日子，因為在它的迷霧裡隱藏著桃花源。只要你順著小溪走，就會發現桃花林。只要你敢進山進洞，就別有洞天。

「迷惑」給人最大的好處就是讓人覺醒，敢於命名自身，定義此在，將外物賦予新的、前所未有的意義，這就近於道了。

嬰兒看見雪，驚訝無比，小傢伙迷惑了。過了會兒，她就指著雪說「啊啊」，表明她已認識雪，這樣她就高興了。

莊子講了一個故事《黃帝奏樂》：

北門成聽見黃帝在廣漠的原野上演奏咸池樂曲，開始時感到驚懼，再聽時覺得鬆弛，聽到最後卻覺得迷惑，精神恍惚，無知無識，疑惑不定，不知所措，便問黃帝這是為何？

黃帝說：「我以人情來彈奏樂曲，以天理來伴演，以仁義來運行，以天道來確立。樂聲終結而尋不著結尾，樂聲開始而尋不著起頭，一時消逝一時興作，一時停止一時升起，變化方式無窮無盡，所以你感到驚懼。

「我又用陰陽交和來演奏，用日月光輝來燭照，約制情慾，凝守精神，樂聲悠揚，節奏明朗，形體充滿而內心卻又好像不復存在，所以你覺得鬆弛。

「我用忘情忘我的境界來演奏，用自然的節奏加以調和，音調混同馳逐相輔相生，如眾樂齊奏而不見形跡，昏暗而無聲響，處於曖昧的境界，或以為它消逝，或以為它興起，或以為它實在，或以為它虛華。所以你迷惑不解。迷惑才淳和無識，才合於道，到這境地，就與道融合相通了。」

黃帝棄殺而修道後，智慧大開，心力大進，無愧聖人之名。黃帝話中的重點就是「迷惑才淳和無識，才合於道」。「淳和無識」，即內心純粹，無見無聞，保持寧靜。

黃帝藉樂說道，本身他的言說也變成了樂與道。這種自說、自證、自為、自美的境地非常快樂。黃帝的話並不是說給北門成聽的，正如他演奏咸池之樂不是給別人聽的。他奏給自己聽。同時奏給原野聽。

雪在下。

雪不是因人而下。

它自己下，自己美。

人見雪而覺美。她因雪而美，同時也是自己美。

雪是天的境界，人是自己的境界。人境同於天境，當眼中無霧時，便可清楚地看見一切。

莊子講了一個故事《孔子向老子問道》：

孔子五十一歲仍未得「道」，便往南拜見老子，說：「我從制度去尋道，五年來沒有得道。從陰陽變化去尋求，十二年也沒得道。」

老子說：「道不能用來奉獻，也不能給予。至人對仁只是借路，對義只是暫住，這樣才能探求內心真實的遨遊。」

孔子見了老子回家，三天不說話，弟子問：「先生對老子有什麼教育嗎？」

孔子說：「我如今見到龍了，他有屍體般的安定和像龍一樣的神情飛揚。我哪裡對他能有什麼教育。」

子貢去問老子：「三皇五帝治理天下方式不同，但都有好名聲，唯獨先生不認為他們是聖人，為什麼？」

老子說：「黃帝治理天下，百姓淳樸，有人死了親屬不哭泣也沒人非議。唐堯治理天下，有人根據地位差別來親近親人也無人非議。虞舜使百姓立志競爭。夏禹治理天下，人心多變，各懷私心，三皇的人智，對上掩蔽了日月光明，對下違背了山川精華，就破壞了四時運轉。」

孔子對老子說：「我研究了《詩》、《書》、《禮》、《樂》、《易》、《春秋》，拿去見七十二國君，以講解先王的道理，卻無人採用，是何緣故呢？」

老子說：「《六經》不過是先王留下的遺跡，而非遺跡本源，如果得道，無論怎樣都行，失去道無論如何都不行。」

孔子不出門已有三月，終於得道。

孔子、子貢師徒二人都問道於老子，而老子所有的話都在告訴他們：別問我，問自己。古人已「那樣」，你已「這樣」，而無論這樣或那樣都是不對的。究竟要怎樣，問自己。孔子明白了，於是回家靜思三月，也悟道了。

孔子悟出了什麼？

原來他明白了一切問題都是自己的問題，不要從古往今來、萬事萬物上去找理由。孔子早年想「治世」，結果在魯國遭到破產，旋即周遊列國也無所得。孔子大惑不解，明白要從「治世」回到「治身」上去，這樣就輕鬆了。孔子有此一悟，終於保持了內心寧靜，修成正果。

莊子早年做過一個小官，叫「漆園吏」，大概是管漆園的。漆園裡當然是漆樹林，漆樹林外是更茂密的樹林，裡面生成著各種大樹小樹。莊子做這個官非常好玩，可以親近大自然，更可以與粗魯的割漆工吹龍門陣。長期以來，受益極深。

莊子愛講故事，這恐怕與他長期與工人們相處有關，勞動人民在空閒時都是愛講故事的。莊子說話愛打比方、說寓言，這也是下里巴人特有的言說方式。

莊子書中提到了很多樹木與鳥獸魚蟲，就是當初在漆園見過的，這加深了莊子對天時的理解，儼然植物學家與動物學家。

漆園裡的季節變化又是如此豐富，這更加深了莊子對天時的理解，恐怕比坐在房間裡透過窗戶觀天象的老子還要懂天時。

莊子後來不喜歡做官了，楚王請他當大官也不幹，也是像孔子一樣到處跑，但他不是求官，而是求道。求官者未必得官，求道者卻必會得道，因為道是內在的，一求就有。而官是外在的，無法把握。

總之，莊子比孔子更純粹，在某些方面比老子還厲害。

莊子所有的迷惑不在於人世，而在於自然界。但他也早就把這些迷惑就地解決，還在漆園裡時，莊子就已經在逍遙遊了。

他的走出漆園不是非得走出，而是興之所至，隨意而遊。就像鯤化為鵬後，從北溟飛到南溟，也可以從南溟飛回北溟，也可以自由飛往東溟西溟或其他地方。世界無限，不必每處都去，任揀一處遊玩都是最好的。

莊子說：「處乎無響，行乎無方。」這話近於黃帝說的「聽之不聞其聲，視之不見其形。」意思就是要處在聽不到聲音的地方，走在沒有方向的所在，這樣才是正確的道。

道為一。多則喪道。

道為無。有則喪道。

凡有聲響，必無真音。凡有方向，必無所指。莊子教我們謝絕任何聲音的造訪，意在使心寧靜。教我們不必朝所有的方向走，意在指出地面上的一切道路都只是迴圈，只有垂直上升，方可見天門洞開，那是唯一的路。

但莊子又說不要拋棄大地，他指出：只要我們重獲自由，就可以逍遙遊。只要逍遙遊，就天上地下無區別。一切問題從自我解決，一切問題當下解決。

沒什麼迷惑的，你說是怎樣，這個世界就是怎樣。

不要試圖狡辯，為避責找藉口

是故滑疑之耀，聖人之所圖也。

善於保存自身的人，不用辯說來巧飾智慧，不用智巧使天下人困窘，不用心智使德行受到困擾，巍然自持地生活在自己所處的環境而返歸本性與真情，又何須一定得去做些什麼呢！

莊子說：各種迷亂人心的巧說辯言，都是聖哲之人所鄙夷、摒棄的。

有個在海上遇難的人被沖上海岸，他躺在地上，疲勞地睡著了。不一會兒，他坐起來，看著大海，指責大海總是以平靜、溫和的外表引誘人們。當人們上當後，大海就變得兇暴和殘忍，最終把人們毀滅了。

這時，海變成一個女人對他說：「喂，朋友，你別責怪我，應該責怪風！我本是非常平靜的，是風忽然猛颳過來，掀起了驚濤駭浪，使我變得殘暴了。」

這是說，有些人慣於找藉口，推卸自己的責任。

「沒有任何藉口」是美國西點軍校二百年來奉行的行為準則，是該軍校強化和傳授給每一位學員必須把分派的任務做到和完成，而不是為完不成任務尋找各種藉口。

藉口，在現實生活裡無處不在，國腳在屢踢屢敗下，全國人民幫著為他們找藉口：時差的關係、教練不好的關係、對手太強的關係等等，國人寬容了又寬容，就是沒有說他們不夠努力的關係、太過養尊處優的關係、太自以為是的關係。

其實，藉口的背後，隱藏著潛台詞，只是沒說出來。藉口，或許能讓個人獲得一時的心理慰藉，但縱深想，藉口的代價無比高昂，藉口的本身是危害。我是說萬一的萬一，開快車導致車禍，雖還可以有藉口，可是那種藉口卻只能說給自己聽了，而為此所造成的慘事，不但要付出血的代價，且在物質和精神上也將承受一定的代價。

有一位偉人說得好：「世界上怕就怕認真二字。」凡事認真了，就不用找藉口了，也就不會付出代價了。軍人的天職是執行任務，一個企業的員工呢？嚴肅認真執行和遵守勞動紀律，也是義不容辭的。所以告別藉口，遠離藉口，不要花時間和精神尋找藉口，因為工作沒有任何藉口，惟有認真對待。

莊子說「大言炎炎，小言詹詹」，意即合於大道的言論就像猛火烈焰一樣氣焰凌人，拘於智巧的言論則瑣細無方、沒完沒了。

正所謂「道昭而不道，言辯而不及」，真理完全表露於外那就不算是真理，逞言肆辯總有表達不到的地方。

在現實生活中，我們缺少的正是那種想盡辦法去完成任務，而不是去尋找任何藉口的人。在他們身上，體現出一種服從、誠實的態度，一種負責、敬業的精神，一種完美的執行能力。

的確，在我們的生活周圍，看似每個人在努力工作著，但當其去辦一件事情時，事情失敗了就很有可能有多種原因存在，於是這些原因成了向老總交差的理由，而老總就會覺得那只是你的種種藉口罷了，因為在一個成功人面前是認為世上沒有辦不到的事情，只有不用心做事的人。那時也許你會覺得是委屈的，但你有問過自己盡心去做那件事情了沒有，如果有了，那或許老闆的要求對你而言是高了點，自己的能力根本達不到他所期望的要求。所以我覺得沒有任何藉口不是針對任何人或事，而是針對做事的人，有沒有去盡心盡力地辦好那件事情而做到沒有任何異議呢！

完美主義者是不存在的，但要求做到完美的人還是有大部分存在的。「沒有任何藉口」看起來似乎很絕對、很不公平，但是人生並不是永遠公平的。生活賦予每個人平等的選擇，職位的差別只是每個人對待自己的工作態度不一樣而已。

莊子說：古時候善於保存自身的人，不用辯說來巧飾智慧，不用智巧使天下人困窘，不用心智使德行受到困擾，巍然自持地生活在自己所處的環境而返歸本性與真情，又何須一定得去做些什麼呢！

有好心態才有好生活

體性抱神，以遊世俗之間。

「真我」，在莊子的筆下指有個性的人、閒適之人、快樂之人，而這一切皆可歸於「心態」兩個字上。沒有好心態，再美妙的生活都是一堆垃圾；相反，再糟糕的生活，都是可口的美餐。

我是一切好，我是最好。不但如此，我是唯一的好。這個唯一不是說在眾人裡唯一，而是說在天地間是唯一。不必他人證明，讓我來證明自己。以我證我，乃見真我。不再求證，我乃為大。

誰都不如自己好。我們自己是最好的。

我們不說別人不好，而是說我們最好。沙特說：「他人即地獄」，這太過了。如果他人是地獄，那麼我們也是地獄。人類命運息息相關，只有大家好才是真的好。就好比一個大家庭，任何一個家庭成員出了麻煩，那麼整個家庭都麻煩。如果某人喜從天降，那麼全家都喜從天降。

大家都好，這很好。為了更好，就要突出一個最好。誰是最好？當然是我們自己了。

必須認識到自己是最好的，你才會明白自我價值。由此相推——我是最美的。我是最幸福的。我是最偉大的。耶穌說：「我就是道路、真理與生命。」即此。

《聖經》上講：「道成了肉身，住在我們中間，充充滿滿地有恩典，有真理。」也是這個意思。總之你要記住：我就是道，我能成就一切，當然不畏懼一切。

莊子講了一個故事《不必羨慕他人》：

獨腳獸夔羨慕那多腳的蚿，蚿羨慕那無腳的蛇。蛇羨慕那風，風羨慕那眼睛，眼睛羨慕那心靈。

夔對蚿說：「我用一隻腳跳著行走，沒有誰比我更簡便的了，你用一萬隻腳行走，到底是怎樣走的呢？」

蚿說：「我啟動自然機能而行走，自己也不知道為什麼能夠這樣。」

蚿對蛇說：「我用很多腳行走，還不如你沒有腳走得快，為什麼呢？」

蛇說：「我依靠天生的機能而動作，哪裡用得著腳呢！」

蛇對風說：「我運動背椎和腰肋行走，你呼呼地從北海颳起來，又呼呼吹入南海，好像沒有形跡，為什麼呢？」

風說：「我能折斷大樹，吹飛大屋，在細小方面不求勝利，而求得更大的勝利。獲得大的勝利，只有聖人才能夠做到。」

這最大的勝利，就是得到自己。夔羨慕蚿，蚿又羨慕蛇，蛇又羨慕慕風，風羨慕眼睛，眼睛羨慕心靈。這都是不對的。不必羨慕他人，我們自身是最好的。人比人，氣死人。不必比，我們自己是他人無法取代的，是無與倫比的、獨一無二的。要比，就自己比自己。用現在的我比昨天的我，用大我比小我，用開心的我比不開心的我，你又會發現確實進步了，現在的我確實是最好的。

人們通常誤以為「明天會更好」，其實現在就是最好。

一定要堅持自我，流言會自清，謊言會自穿，誤會會消失。

莊子講了一個故事《孔子不怕被誤會》：

孔子周遊匡地，被衛國人層層圍住，但他仍不停止地彈琴唱歌。

子路入內見孔子，說：「先生為何這樣快樂？」

孔子說：「堯舜時代，沒有不得志的人，桀紂時代，沒有得志的人。這是時勢造成的。人的窮困和潦倒是命，只有通達的人才能認識到，大難臨頭是不懼怕的，需要聖人的勇敢。」

不一會兒，統帥士卒的將官走了進來，表示歉意說：「大家誤認為你是陽虎，所以把你團團圍住，現在知道你不是陽虎，我將撤退圍兵。」

孔子知道自己是孔子，不是陽虎。所以當別人把他當強盜陽虎圍起來時，他坦然不懼，彈琴唱歌。他的這種鎮定鎮住了一切人，圍他的人因此意識到這其中肯定有自己不知道的事情，於是去查清了，誤會消失。假如孔子一聽別人說他是陽虎，他自己也動搖了對自己的信念，甚至想：莫非我真的是陽虎？那麼他就完了。

孔子當然不會這樣，我們當然也不會這樣。當別人指著我們說我們不過是某某某時，你千萬不要認為自己就是某某某。我們不是某某某，我們是自己。不可動搖你的心，你才能成就自己。你信什麼，你就是什麼。

莊子講了一個著名的寓言《邯鄲學步》：

燕國壽陵的少年到趙國去學走路，但他沒有學會趙國人的步法，反將自己原來的步法忘了，只好爬著回去。此人之所以退化了，就是因為喪失了自我。本來一切順其自然，自然可以成就自身，但他違反了自然規律，自然就會剝奪他舊有的功能。

莊子講了一個故事《魏年教導公孫龍》：

公孫龍問魏年：「我從小學習先王治世的道理，後深入仁義，能把不對的說成對的，把不可的說成可的，使百家智士困惑，使善辯之口詞窮，今聽莊子的言談，感到茫然，是我辯不過他還是知識不如他？」

魏年聽了，靠著几案深深嘆了一口氣，仰天笑著說：「你不足以知道是非的境地，無法洞悉莊子的言論，你的智慧不足以瞭解極其玄妙的理論。莊子的理論下達地層上登天空，南北東西通達而不受拘束，返歸無所不能的大道，而你還拘泥於瑣碎淺陋的察辨尋求。」

公孫龍張大嘴而不能合攏，舌頭高高抬起而放不下來，很迅速地逃走了。

魏年指出，公孫龍之所以不如莊子的地方恰巧就在於他「善辯」。莊子是不辯的，因為他心中自有想法，不受他人影響，也不必說服別人。無須互動，我說的就是正確的。

孔子也是不喜好爭辯的，在被圍困時，如果他爭辯自己不是陽虎，那麼將很快被殺掉。因為凡是爭辯者都是可疑的，至少在對方看來是如此。所以你愈說得有理，愈沒有用。不如不說，走開，讓別人說。

公孫龍是中國歷史上最有名的辯士，他與孟子都是雄辯家。但孟子說「予豈好辯哉，不得已而已。」內心不願與人爭辯。公孫龍卻對此樂此不疲，專門研究如何辯出新道理來，他能證明「白馬非馬」，但這有什麼用呢?馬還是馬。與其辯論白馬非馬，不如騎馬逍遙。這個馬也不是真正的馬，而是以夢為馬，讓自己的感覺自由遊走。

辯來辯去，只是逞口舌之快，過不久別人又會翻案。不如什麼也不說，自己清靜無為，自然有一番境界。無須多言，我就是最好的。我的全身上下都可以作證。最可明證的是我居然知道這個道理，足見有多聰明。

莊子說「體性抱神，以遊世俗之間」。就是說體悟自己的本性，抱緊自己的神（精神），你就可以暢遊在世俗之間，並且可以暢遊出世。

總之，認識了自己，認可了自己，你就能成就自己。再說一遍，梁漱溟講孔子的全部學問是「自己學」，我講莊子的全部學問就是「學自己」。向自己學習，向自己致敬，向自己虛心請教，你就會成功，自由、逍遙遊。

隨遇而安，其樂無窮

不樂壽，不哀夭；不榮通，不醜窮。

現在有一句話最流行的，山不過來，你就過去。有道是東方不亮西方亮，人不能在一棵樹上吊死，狡兔也有三窟。過去已成為歷史，關鍵的是調整好自己的心態，把握好現在，一切還可以重頭再來，同樣可以開闢一個新天地。

莊子說：不把長壽看作快樂，不把夭折看作悲哀，不把通達看作榮耀，不把窮困看作羞恥。一個人若能如此，不管際遇如何，都保持快樂的心境，那真比有百萬家產還更有福氣！

生活中拂逆的事情是很多的。俗語說：「不如意事十常八九」，我們一生很少有幾次真正感到自己的生活一帆風順、海闊天空。人生際遇不是個人力量所可左右，而在詭譎多變，不如意事十常八九的環境中，唯一能使我們不覺其拂逆的辦法，就是使自己「隨遇而安」。

莊子說：要在無為中有為，首先就是順應事態發展，順，於己一身，可得安全，於事情本身卻可有利。

所以不可為了富貴榮華而恣意放縱，不可因為窮困貧乏而趨附流俗，身處富貴榮華與窮困貧乏，其間的快意相同，因而沒有憂愁罷了。

有一天，莊子到雕陵栗裡觀光，一隻奇怪的鳥撞了他一下，便落在栗樹林裡了。

莊子判斷，這怪鳥肯定發現了什麼獵物；要不然，怎麼撞到他都沒注意呢？於是，莊子趕緊跑過去，拿起彈弓窺伺著那隻怪鳥。

忽然，莊子發現一隻蟬，因為找著了一個很隱蔽的地方，既安全又舒服，正得意忘形。幾乎同時，一隻躲在一片樹葉後的螳螂，突然撲了上來，把蟬逮住了。螳螂因為抓住了蟬，正高興得忘乎所以，那隻怪鳥卻毫不費力地又把螳螂逮住了。可是那隻怪鳥也犯了一個錯誤：見利忘命。莊子正拉開彈弓瞄準了牠。

就在這時，莊子心裡犯嘀咕了：唔，事物原來就是這互相連累，背後竟有如此多的隱患！莊子當即丟下彈弓便往回走，恰巧看園人來了，以為莊子偷了栗子，立即跑上前，把莊子狠狠地罵了一頓。

莊子回到家中，一連幾天都不愉快。他的朋友問他：「先生最近為什麼不快活呢？」

莊子便把螳螂捕蟬，奇鳥在後，後面又有拿著彈弓的莊子，莊子後面又有看園人這樁事兒講了，並說：「我們都只看到眼前，忘記了背後。我被那看園人狠狠羞辱了一頓，因此這幾天很覺惱火。」

環境常有不如人意的時候，問題在個人怎樣面對拂逆和不順。知道人力不能改變的時候，就不如面對現實，隨遇而安。與其怨天尤人，徒增苦惱，就不如因勢利導，適應環境，由既有的條件中，盡自己的力量和智慧去發掘樂趣。

當我們處於無可改變的不如意的時候，只有安詳順受，並且從容地由不如意中去發掘新的道路，才是求得快樂寧靜的最好辦法。

所以，為了保持快樂的心情，在遇到變故時要這樣想，這事原本可能更糟糕呢，要做到這點並不難。要是火柴在你的衣袋裡燒起來了，那你應該高興，而且要感謝上帝，多虧不是強性的炸藥；要是你的手指頭紮了根刺，那你應該高興，挺走運的，多虧這根刺不是紮在眼睛裡；你有一顆牙痛起來，也不必緊皺眉頭，因為多虧不是所有的牙都出了毛病；要是你挨了一頓樺木棍的打，那你應該蹦蹦蹼蹼，笑著說，瞧，我多走運，人家沒拿帶刺的棍子打我也。……因而以此類推，你就會永離愁苦——快樂無窮。

快樂是一種自我的感覺

至樂無樂，至譽無譽。

如果人生是一次長途旅行，那麼，絮絮叨叨只顧終點何處，將要失去多少沿途的風景？不同的風景相對的是不同的人，不同的人相對的是不同的心。

莊子說：最大的快樂就是沒有快樂，最大的榮譽就是沒有榮譽。

申徒嘉深得自然之德，體格健全的子產反而慚愧地低頭認錯。無獨有偶，衛國有個相貌極其醜惡的人，也讓身邊的男女對他傾心。

這個人叫哀駘它。男子和他相處，因敬仰他不想離開。少女見到他，便會對父母說，與其做別人的大老婆，還不如做哀駘它的小老婆好。有這樣要求的女子，已經超過十個。

其實哀駘它這個人很平常，既無新知，也沒有率先宣導什麼，總只附和他人罷了。他既無權威拯救危亡，也無餘糧剩米救濟他人；有的只是醜陋得令人害怕的形容，與隨聲附和的知識。

是什麼過人之處，使形形色色的男女敬服他、仰慕他呢？

魯哀公告訴孔子，說他召見過這個哀駘它，果然是醜得讓人吃驚。但相處不到一個月，就很賞識他的為人處世；不到一年，就很信任他。魯哀公提出把國事託付給他，他冷淡了一會兒，才漫不經心地像要推辭，弄得魯哀公很羞愧，但他終於還是答應了。可是不多久，他就辭去了，魯哀公忽然像失去了什麼，甚至有些絕望。魯哀公問：「這是個什麼樣人呢？」

孔子說這是天然美德在感召著那些男男女女。孔子舉了一個事例。一群豬娃在死母豬的身上吃奶，吃著吃著，突然便調頭跑開了。因為死母豬再也不能像活著的時候，用眼睛看著它的孩子們了。可見豬娃愛母豬不在形體，而是母豬的精神動態了。

另外，侍候在君主旁邊的男女，都必須是童身，不失天然資質。君主對侍御人員的形體要求尚且如此，那麼，世上的男女對天然德性，當然要求完美。哀駘它不開口宣導什麼，就受人敬重，無力助人就可使人親近，那他一定是一個德才完美而不露形跡的人！

哀公問：「什麼是德才完美？」

孔子解釋是，人生的生死、存亡、貧富、窮達，賢能與不肖，毀譽、飢渴、寒暑，都是事物形式的變化，也是天人運行的常道，所有這些出現在人的面前，日夜交替，前逝後繼，人究竟是說不清這些現象的前因後果的。懂得這種情勢，心靈不受外界事變干擾，保持內心的和諧與平靜，性情就不會失去安逸樂天的情態。這就是天然的德才完美。

哀公又問怎樣是德行不露形跡。

孔子告訴哀公，水面很平，是水靜止到極端狀態，因此它成為平的標準。內心能保持靜水一般的平靜，就不會為外物所動。所謂德，就是保持天然的中和之氣所達到的修養。所謂德行不露形跡，就是人表面上無所能，無所長，無所為，而大家卻喜歡你，親附你。

才德是一種感覺，快樂也是一種感覺。

一位國王總覺得自己不快樂，就派人四處去找一個感覺快樂的人，然後將他的襯衫帶回來。尋找快樂的人碰到人就問：「你快樂嗎？」回答總是說：不快樂，我沒有錢；不快樂，我沒親人；不快樂，我得不到愛情……，就在他們不再抱任何希望時，從對面被陽光照著的山崗上，傳來悠揚的歌聲，歌聲中充滿了快樂。他們隨著歌聲找到了那個「快樂人」，只見他躺在山坡上，沐浴在金色的暖陽下。

「你感到快樂嗎？」

「是的，我感到很快樂。」

「你的所有願望都能實現？你從不為明天發愁嗎？」

「是的。你看，陽光溫暖極了，風兒和煦極了，我肚子又不餓，口又不渴，天是這麼藍，地是這麼闊，我躺在這裡，除了你們，沒有人來打擾我，我有什麼不快樂的呢？」

「你真是個快樂的人。請將你的襯衫送給我們的國王，國王會重賞你的。」

其實，快樂是一種象徵，是一種自我感覺，關鍵是如何把握這種象徵和感覺。我們在追求著快樂，快樂也時刻伴隨著我們。只不過很多時候，我們身處幸福的山中，在遠近高低的不同角度看到的總是別人的幸福風景，往往沒有悉心感受自己所擁有的快樂天地。如果人生是一次長途旅行，那麼，絮絮叨叨只顧終點何處，將要失去多少沿途的風景？不同的風景相對的是不同的人，不同的人相對的是不同的心。

生活就是這種道理。

荒野的仙鶴，要走好幾步，才能找到一口食物，有時要飛很遠，才能找到水喝。並且，天寒地凍，還要長途跋涉，躲開獵人的箭矢，飛向遙遠溫暖的南方。可是牠並不想關在鳥籠子裡。因為那樣，雖然安全，有糧食供應，冬天還可以住在溫暖的庭院裡，但天地便變得窄小，自由自在的飛翔，悠哉遊哉的散步，也不可得了，快樂也便沒有了。

沉默的力量猶如無敵軍團

屍居而龍現，淵默而雷聲。

豹子在追捕獵物之前，是在沉默中積蓄關鍵時刻的爆發力！我的沉默驚天動地，我的沉默驚動世人。因為當眾說紛紜時，我獨自無言，自然可以戰勝一切言說。沉默最有說服力，沉默最好懂，沉默最引人注目，沉默之人如太陽般熱烈。

「屍居而龍現」，指人像屍體一樣呆著，又像龍一樣出沒世間。屍體是死氣沉沉的，龍是活靈活現的，這兩個極端都統一在人身上，便具有神出鬼沒、化腐朽為神奇的奇幻狀態。細想，人每天都是詭異的，忽而東，忽而西，忽而哭，忽而笑，忽而醒，忽而寐，非常詭異，但光是詭異是沒用的，必須化詭異為奇異，化奇異為平常功夫，然後才能真正地神奇起來。要想如意變化，首先就要懂得怎樣才能不變。

你要戰勝流水，你就要不流。大禹治水，不動如山。

你要戰勝飛逝的時間，你首先就不要飛逝，否則就會被時間帶走。你要學會靜坐觀花，不語品茶。明白外物都在腐朽、破碎，而我依然完好，依仗的就是那一口氣、那一盞燈，心燈。

屍居之人像死人，但他忽而感應前行，驅風為馬，驅氣如龍，就像龍一般。有了屍的不動，才有龍的靈動。自然之道靜極思動，靜久而逾動，靜得愈深動得愈猛。

「淵默而雷聲」，這話美極了。像深淵一樣沉默，但又發出驚天雷聲。

我的沉默驚天動地。

我的沉默驚動世人。

因為當世人都在眾說紛紜時，我獨自無言，自然可以戰勝一切言說。沉默最有說服力，沉默最引人注目，沉默之人如太陽般熱烈。

《尚書》上講殷高宗諒陰（諒陰就是服喪），三載不言。最後夢見一個聖人，終於開口，讓大家四處尋訪，終於得到了賢相伊尹，振興了殷室。

沉默之後，必有奇蹟發生。

《莊子》講了一個故事《接輿點撥肩吾》：

肩吾拜見接輿。

接輿說：「過去你老師給你說了些什麼？」

肩吾說：「他告訴我，做國君的一定要憑藉自己的意志制定法度，人民誰敢不聽從？」

接輿說：「那是騙人的做法。聖人治理天下，不用法度。聖人先正自己而後感化他人，任人各盡所能就是了。」

接輿就是前面我們講過的大名鼎鼎的楚狂人，曾經狂歌於孔子之前。接輿講治天下要「正己」，這不是一般的端正自己就可以了，而是有多個複雜的技術層面，有「心齋」，有「坐忘」，當然也有「屍居」與「淵默」。特別是要沉默，才能正己。

莊子講了一個故事《道人大戰巫師》：

鄭國有個巫師名叫季咸，十分靈驗，能占生死禍福，準確如神，人們見了他，都要拋掉東西跑開。列子折服不已，回來對壺子說：「我以為先生的道理最高深了，現在才知道還有更高深的。」

壺子說：「我最高的道理還未傳授給你，你請那巫師來看看我的相。」

第二天，列子邀請季咸來看壺子的相。看完了相，季咸出了門對列子說：「你先生神色如灰燼，形象怪異，不能活了。」列子進屋大哭一番。

壺子說：「我給他顯現的是寂然不動的心境，他只能看到我閉塞的生機，再請他來看看。」

第三天，列子又邀季咸看壺子。

季咸看後對列子說：「你先生幸虧遇上了我，有救了，閉塞的生機開始活動了。」

列子進屋把話告訴壺子。

壺子說：「剛才我給他看的是天地間的生氣，一線生機從腳後跟升起，他只能看到我的一線生機，再請他來看看。」

第四天，列子再邀請季咸。

看後季咸對列子說：「你先生神態恍惚，無法看相，待心神安寧時再看吧。」

列子把話轉述與壺子。

壺子說：「我給他顯示的是沒有徵兆的太虛境界，你再請他看看。」

第五天，列子又邀請季咸看壺子，季咸還未站定便逃跑了。

壺子叫列子去追，列子沒追上。

壺子對列子說：「剛才我給他顯示的是萬象皆空的大道，跟他隨意應付，他弄不明我的究竟，像草遇到風就散亂了，所以他逃跑了。」

列子這才知道自己什麼也沒學到，回到家裡三年不出門，為妻子做飯，餵豬就像伺候人一樣，對任何事物沒有偏私，拋棄了浮華而恢復了真樸。

壺子戰勝季咸，最重要的一招就是沉默。沉默所以能高深莫測，可以一舉擊潰對手。他的沉默嚇跑了對方。

沉默是強大。有的人一天到晚叫囂，其實是「滿壺全不響，半壺響叮噹」，太膚淺，不堪大用。季咸是個大巫師，好裝神弄鬼，好預測，但他這一套在像壺子這樣的得道高人面前全然無用。

壺子不用動手就打敗了季咸，他的沉默已全然展示了他的無上功夫。

列子因此受益匪淺，回家也沉默三年，做飯做出了味道，餵豬餵出了意思，一切隨緣，在家務事中修練，如此也最終得道，成為繼老莊後的第三位著名的道家宗師。

有個日本武士道高手來到少林寺，想要挑戰空言大師。

空言大師說「好好」，就讓弟子把日本武士帶進來。

日本武士見面就抽刀，空言大師卻讓他喝茶。

日本武士也就喝了，又相信這老和尚不會害他，就坐下來邊打量邊喝茶。

空言大師倒茶滴水不漏，坐下時衣帶無聲。

日本武士的全身殺氣被無形中消滅，心想即使不動手，也要與這老僧論學。於是日本武士大談日本武士道如何厲害，空言大師只管聽，不發一言。

最後日本武士話說完了，茶也喝完了，只好又口乾舌燥地離去，回到日本後連殺數人。

同門問他當時為何不動手？

武士說：「這老和尚太沉默了，當時氣氛壓抑如山，我若稍有動靜，必會遭巨石壓頂。」

這個日本武士未入武學中至高無上的「沉默」境界，當然會大敗而歸。

沉默讓人如此震撼。

後記

任何人都只能做極有限的事，而人短暫的一生就在無休止的工作中死去。做事把人「做死」了。因此，人應該做更有限的事，從而騰出心力來反觀自身，於靜處品味流星消失後依然不變的天與地。

莊子的「逍遙遊思想」影響了中國兩千多年，正是它鑄造了中國人的自由靈魂。每一個渴望獲得更大自由的人士都可以從莊子的思想裡獲得生命的靈感，活出新境界，隨時隨地呈現自由狀態。

國家圖書館出版品預行編目資料

莊子的智慧/ 葉舟 編著--

三版. -- 臺北市 :廣達文化, 2015.9

面 ; 公分. -- (榮耀經典)

ISBN 978-957-713-572-8(平裝)

1.(周)莊周　2. 學術思想 3.人生哲學

121.33　　　　104015246

書山有路勤為徑
學海無涯苦作舟

莊子的智慧

作　者：葉　舟　編著

叢書系列：榮耀經典 02

出版者：廣達文化事業有限公司
文經閣
Quanta Association Cultural Enterprises Co. Ltd
編輯執行總監：秦漢唐

發行所：臺北市信義區中坡南路 287 號 5 樓
通訊：台北郵政信箱 51-83 號
電話：27283588　傳真：27264126
E-mail：siraviko@seed.net.tw
www.quantabooks.com.tw
製　版：菘展製版有限公司
印　刷：大裕印刷排版公司
裝　訂：秉成裝訂有限公司
上　光：全代上光有限公司

代理行銷：創智文化有限公司
23674 新北市土城區忠承路 89 號 6 樓
電話：02-2268-3489　傳真：02-2269-6560

三版一刷：2015 年 9 月
定價：280 元

本書如有倒裝、破損情形請於一週內退換
版權所有　翻印必究 *Printed in Taiwan*

書山有路勤為徑
學海無涯苦作舟

書山有路勤為徑
學海無涯苦作舟